신문이 보이고 ⑳
뉴스가 들리는
재미있는
**한국사
이야기 2**

신문이 보이고 뉴스가 들리는 ⑳
재미있는 한국사 이야기 2

개정판 1쇄 발행 | 2014년 7월 11일
개정판 7쇄 발행 | 2022년 3월 1일

지 은 이 | 설혜진
그 린 이 | 이창우
감　　 수 | 서울대학교 뿌리깊은 역사나무

펴 낸 곳 | (주)가나문화콘텐츠
펴 낸 이 | 김남전
편 집 장 | 유다형
편　　 집 | 이보라 김아영 설예지
외 주 편 집 | 오경자
디 자 인 | 양란희
외주 디자인 | 이순영
마 케 팅 | 정상원 한웅 정용민 김건우
관　　 리 | 임종열

출 판 등 록 | 2002년 2월 15일 제10-2308호
주　　 소 | 경기도 고양시 덕양구 호원길 3-2
전　　 화 | 02-717-5494(편집부) 02-332-7755(관리부)
팩　　 스 | 02-324-9944
홈 페 이 지 | www.ganapub.com
이 메 일 | ganapub@naver.com

ISBN 978-89-5736-677-6(74910)

*책값은 뒤표지에 표시되어 있습니다.
*이 책의 내용을 재사용하려면 반드시 (주)가나문화콘텐츠의 동의를 얻어야 합니다.
*잘못된 책은 구입하신 서점에서 바꾸어 드립니다.

*'가나출판사'는 (주)가나문화콘텐츠의 출판 브랜드입니다.

이 도서의 국립중앙도서관 출판시도서목록(CIP)은 서지정보유통지원시스템홈페이지(http://seoji.nl.go.kr)와
국가자료공동목록시스템(http://www.nl.go.kr/kolisnet)에서 이용하실 수 있습니다.(CIP제어번호: CIP2014018787)

- 제조자명 : (주)가나문화콘텐츠
- 주소 및 전화번호 : 경기도 고양시 덕양구 호원길 3-2 / 02-717-5494
- 제조연월 : 2022년 3월 1일
- 제조국명 : 대한민국
- 사용연령 : 4세 이상 어린이 제품

신문이 보이고 20
뉴스가 들리는

재미있는

한국사 이야기 2

글 설혜진 | 그림 이창우
감수 서울대학교 뿌리깊은 역사나무

가나출판사

| 머리말 |

살아 숨 쉬는 우리 역사

  올해 1월, 선생님은 이스라엘에서 열린 '홀로코스트와 역사 교육'이라는 세미나에 다녀왔어요. 우리 친구들은 '홀로코스트'라는 것이 무엇인지 알고 있나요? 일본이 우리나라를 지배하고 있을 당시 유럽에서는 독일의 나치당이 힘을 키워 제2차 세계 대전을 일으켰지요. 전쟁 중에 독일은 유럽에 살고 있던 유대인들을 무자비하게 탄압하고 학살했어요. 그래서 600만 명이 넘는 사람들이 목숨을 잃었지요.

  제2차 세계 대전이 끝난 후 1948년, 유대인들은 팔레스타인 지역으로 돌아와 이스라엘을 건국했어요. 그리고 그들의 아픈 역사를 잊지 않기 위해 여러 가지 노력들을 했지요. 우리나라의 독립 기념관과 같은 홀로코스트 기념관 '야드바셈('이름을 기억한다'는 뜻)'을 세우고 이를 역사 교육의 중심 장소로 이용했어요. 홀로코스트 기념관에서는 초·중·고등학생을 대상으로 한 역사 교육 프로그램을 활발하게 진행하고 있으며, 외국의 역사 교육자들을 위한 국제적인 프로그램도 마련해 놓고 있지요. '용서는 하되 잊지 않겠다.'고 외치며 뜨겁게 역사 교육을 하고 있는 이스라엘을 보며 역사란 과거의 사실로 그치는 것이 아니라, 언제나 우리 곁에서 살아 숨 쉬어야 함을 절실하게 느끼고 깨달았답니다.

    그렇다면 우리는 왜 역사를 공부해야 할까요? 먼저 과거의 아픈 역사를 되풀이하지 않기 위해서 역사를 공부해야 해요. 독립운동가 박은식 선생이 독립운동만큼이나 역사를 소중히 여긴 이유도 여기에 있어요. 또 과거로부터 얻은 지혜는 우리가 어려운 문제에 부딪혔을 때 그것을 해결하는 중요한 열쇠가 되어줄 수 있기 때문에 우리는 역사를 공부해야 해요.

    이 책에는 조선 시대, 개화기, 치욕의 일제 강점기 그리고 현재 대한민국의 모습을 담았어요. 각 시대의 주요 사건들을 하나하나 따라가다 보면 어느새 우리 역사를 한눈에 이해할 수 있어요. 그리고 이 책을 통해 나라가 어려움에 빠졌을 때 자신의 목숨까지 바쳐 나라를 지키기 위해 노력했던 우리 조상들의 모습을 접하면서 여러분은 큰 감동과 고마움을 느낄 것입니다.

    자, 이제 선생님과 함께 〈신문이 보이고 뉴스가 들리는 재미있는 한국사 이야기 2〉 속으로 시간 여행을 떠나 볼까요? 엉뚱하지만 귀여운 봄과 여름이의 가족이 여행에 함께할 거예요. 이 여행을 통해 우리 친구들의 마음속에 한국사가 늘 살아 숨쉬기를 선생님은 기대할게요.

재미있는 역사 공부 방법을 고민하는
설혜진 선생님

| 추천의 글 |

한국인이라면 꼭 알아야 할
　　　　　　　　우리의 이야기

'단군 이래 최대 시련', '화랑정신을 통해 리더십을 키우다'

어린이 여러분, 신문을 읽거나 뉴스를 보면서 위의 내용이 들어간 기사를 접한 적이 있나요? 사람들은 하고 싶은 말이 있을 때 '우리나라 역사상' 또는 '나라를 위해 서로를 화합하고 이끄는 정신' 등과 같이 우리의 역사 속 사건이나 개념 등을 빗대어 표현하기도 합니다. 그런데 여러분이 '단군'이나 '화랑'을 모른다면 이런 기사들을 제대로 이해할 수 있을까요? 기자가 전달하려고 하는 내용을 받아들이는 데 어려움을 느낄 수 있어요.

한 사람 한 사람에게 자신의 기억이 중요하듯 한국인에게 한국의 역사는 우리가 걸어온 자취, 살아온 기억이기 때문에 매우 중요합니다. 그런데 그 기억을 제대로 간직하지 못한다면 훗날 우리는 기억 상실증에 걸린 것처럼 혼란에 빠질 수 있어요. 누군가 우리에게 '너희들은 스스로 발전하지 못하고, 꼭 주변의 도움을 받아야만 살 수 있었어.' 또는 '너희들은 매일 싸우기만 하고 사이좋게 지내지 못하니까 우리의 도움이 필요해.'라고 꾸며서 이야기했을 때

우리가 우리의 역사를 잘 알지 못한다면 이 말을 진실이라고 믿기 쉽지요. 그래서 여러분은 내가 살고 있는 이 땅, 우리나라의 역사를 알아야 해요. 우리나라의 역사를 알면 우리나라를 더 정확하게 이해할 수 있지요.

그런데 한 사람의 인생은 길어야 100년 정도라고 하는데, 우리나라의 역사는 반만년의 역사라고 하니 그 안에는 수없이 많은 일들이 담겨 있겠지요? 어디서부터 살펴보아야 할까요? 어떤 일을 찾아봐야 할까요?

〈신문이 보이고 뉴스가 들리는 재미있는 한국사 이야기 1·2〉는 한국인이라면 꼭 알아야 할 역사 이야기들을 뽑아 어린이 여러분이 이해하기 쉽게 풀어서 전해 줍니다. 이 책과 함께 한다면 우리가 잊지 말아야 할 역사를 재미있게 접할 수 있어요. 또 '신문이 보이고 뉴스가 들릴' 것이며, 우리나라 역사가 여러분의 눈앞에 선명하게 보이는 경험을 할 수 있다고 믿어요.

서울대학교 뿌리깊은 역사나무
김태웅 교수

| 차례 |

머리말 · 4
추천의 글 · 6

1장 조선 시대 · 12

이성계가 조선을 건국하다 · 14
왕자들이 왕위를 다투다 · 18
한양을 새 도읍지로 정하다 · 22
세종 대왕, 우리글을 만들다 · 24
과학 기술이 발달하다 · 26
소박하고 기품 있는 문화를 이루다 · 28
신분에 따라 다른 삶을 살다 · 30
훈구파와 사림파가 다투다 · 34
임진왜란이 일어나다 · 36
광해군이 왕위에서 쫓겨나다 · 40
병자호란이 일어나다 · 42
서양 문물이 들어오기 시작하다 · 46
물건을 사고파는 시장이 발달하다 · 50
조선 시대 사람들은 어떻게 살았을까? · 54
간도와 독도는 우리 땅이다 · 56
탕평 정치를 실시하다 · 60
정조, 수원 화성을 건설하다 · 64
백성을 구제할 실학을 연구하다 · 68
서민 문화가 발달하다 · 72

세도 정치가 나라의 기강을 무너뜨리다 · 74

천주교가 박해를 받다 · 78

농민 봉기가 일어나다 · 80

서학에 맞서 동학이 일어나다 · 84

이하응이 왕권을 강화하다 · 86

서양 세력의 침입을 물리치다 · 90

2장 개화기 · 94

나라의 문을 열다 · 96

구식 군대가 임오군란을 일으키다 · 98

갑신정변이 삼일천하로 끝나다 · 100

동학 농민 운동이 일어나다 · 102

갑오개혁으로 신분 제도를 폐지하다 · 106

누가 조선의 왕후를 죽였는가? · 108

독립 협회는 무슨 일을 했나? · 110

고종이 황제의 나라를 선포하다 · 112

근대 문물이 들어와 사회가 변하다 · 114

나라의 외교권을 일본에 빼앗기다 · 116

의병이 항일 전쟁을 벌이다 · 120

안중근, 이토 히로부미를 죽이다 · 122

우리 국민들이 일제의 경제 침탈에 맞서다 · 124

3장 일제 강점기 · 126

일본의 식민지가 되다 · 128

일본이 식민 통치의 경제 기반을 마련하다 · 132

독립 만세 소리가 전국에 울려 퍼지다 · 134

대한민국 임시 정부를 세우다 · 138

독립군이 일본군을 크게 무찌르다 · 142

일본 고위 관리와 친일파를 처단하다 · 146

광주 학생 항일 운동이 일어나다 · 150

민족 문화 수호를 위해 힘쓰다 · 152

한국 광복군을 창설하다 · 154

대한 독립 만세!

4장

대한민국 · 156

한반도가 남북으로 갈라지다 · 158

6·25 전쟁이 일어나다 · 162

4·19 혁명으로 이승만이 물러나다 · 166

5·16 군사 정변이 일어나다 · 170

북한, 독재 권력을 세습하다 · 172

한강의 기적을 이룩하다 · 174

민주화를 요구하다 · 178

경제 위기가 닥치다 · 182

남북한이 통일의 길을 찾다 · 184

대한민국이 세계를 놀라게 하다 · 188

동북아시아의 역사를 올바로 인식하다 · 190

사진 출처 · 192

찾아보기 · 194

1장 조선 시대

조선은 이성계가 정도전, 조준 등 신진 사대부와 손잡고 세운 나라로, 유교를 바탕으로 정치, 경제, 사회, 문화, 예술을 발전시켰지요. 특히 훈민정음을 창제한 세종 시대의 발전은 눈부신 것이었어요.

임진왜란과 병자호란을 겪으면서 조선 사회는 어려움에 빠지고 말았어요. 그러나 우리 조상들은 좌절하지 않고, 황폐해진 나라를 다시 일으켰어요.

조선 후기에 이르러 농업 기술과 상공업의 발전으로 경제력이 커졌고, 이를 바탕으로 영조와 정조 때 문예 부흥이 이루어졌지요.

그러나 조선 말기에 이르러서는 세도 정치로 나라의 기강이 땅에 떨어지기 시작했답니다.

이성계, 조선 건국	1392년
태조, 한양으로 도읍 옮김	1394년
세종, 훈민정음 창제	1443년
〈경국대전〉 간행	1485년
중종반정으로 연산군 폐위	1506년
기묘사화로 조광조 등 사림 몰락	1519년
임진왜란 발발(~1598년)	1592년
인조반정으로 광해군 폐위	1623년
정묘호란 발발	1627년
병자호란 발발	1636년
안용복, 독도에서 일본인 쫓아냄	1696년
백두산정계비 세움	1712년
영조, 탕평책 실시	1725년
정조, 수원 화성 완공	1796년
홍경래의 난 일어남	1811년
최제우, 동학 창시	1860년
임술 농민 봉기 일어남	1862년
병인양요 일어남	1866년
신미양요 일어남	1871년

이성계가 조선을 건국하다

요동 정벌에 나서다

이성계는 1335년 화령부(지금의 함경남도 영흥)에서 이자춘의 둘째 아들로 태어났어요. 이성계의 아버지 이자춘은 원나라의 지배를 받던 쌍성총관부 지역을 이끌던 장수였지요. 이성계는 어려서부터 총명하고 용감했으며, 활을 매우 잘 쏘았다고 해요. 적군 장수의 투구를 쏘아 벗기고, 한 가지에 달린 배를 한 대의 화살로 모두 떨어뜨려 손님을 대접했다는 이야기가 전해지고 있어요. 이자춘이 죽고 나서 이성계가 그 자리를 이어받았지요.

이성계가 장군으로 이름을 떨칠 무렵 고려는 어려움에 빠져 있었어요. 북쪽에서는 홍건적이 쳐들어와 공민왕이 복주(안동)까지 피난하기도 했고, 남쪽에서는 왜구가 해안 지방 백성들을 괴롭히고 있었기 때문이에요. 이성계는 이들의 침입을 무찔러 백성들에게 큰 신뢰를 얻었지요.

이 무렵 중국에서는 큰 변화가 있었어요. 원나라가 망하고, 명나라가 들어선 것이지요. 그런데 명나라가 고려에 사신을 보내 철령 이북의 땅을 내놓으라고 요구했어요. 철령 이북은 지금의 강원도 안변 지역으로 원나라에게 빼앗겼다가 공민왕 때 되찾은 우리 땅이었어요.

우왕과 당시 최고 권력자였던 최영은 명나라의 요구를 거부하고, 오히려 요동 땅을 정벌하여 명나라가 함부로 고려를 넘보지 못하도록 해야 한다고 생각했어요. 그래서 이성계에게 요동을 공격하라고 명령했지요.

위화도에서 회군하다

명령을 받은 이성계는 우왕에게 작은 나라가 큰 나라를 거스르는 것은 옳지 않고, 여름철에 전쟁을 일으키는 것은 적절하지 않으며, 요동으로 군대가 이동하면 왜구가 그 틈을 노려 쳐들어올 것이고, 무덥고 비가 많이 오는 시기이므로 활이 늘어나고 군사들이 전염병에 걸릴 염려가 있다는 이유를 들어 요동을 공격하는 것이 불가능하다고 전했지요. 그렇지만 우왕은 이성계의 말을 듣지 않았어요. 이성계는 어쩔 수 없이 군사를 이끌고 요동으로 떠났답니다.

이성계와 그의 군사들이 압록강에 있는 위화도라는 섬에 도착했을 때였어요. 요동으로 가려면 반드시 압록강을 건너야 했지요. 그런데 마침 장마가 시작되어 압록강 물이 엄청나게 불어나 있었어요. 이성계는 다시 사람을 왕에게 보내 요동으로 가는 것이 어렵다는 뜻을 전했어요. 하지만 우왕과 최영은 이성계에게 빨리 요동으로 가라고 독촉했답니다.

그러나 이성계는 요동으로 간다 하더라

태조(이성계) 어진

'어진'이란 왕의 초상화를 의미하는 말이란다.

도 명나라를 이길 수 없다고 생각했어요. 결국 이성계는 군대를 함께 이끌었던 조민수 장군을 설득하여 개경으로 돌아왔답니다. 이것을 위화도에서 군대를 돌렸다고 하여 '위화도 회군'이라고 해요. 개경으로 돌아온 이성계와 조민수는 최영을 몰아내고, 우왕을 왕위에서 쫓아냈어요. 그리고 왕실의 후손 중에서 새로운 왕을 세웠지요.

태조 금보(도장)

이성계의 힘이 점점 강해지자 정도전, 조준 등이 이성계에게 왕이 되라고 권유하기 시작했어요. 그러나 그때마다 이성계는 거절했어요. 정몽주와 이색 등 이성계가 왕이 되는 것에 반대하는 신하들도 있었지만, 계속되는 권유에 따라 이성계는 1392년 왕위에 올랐어요. 이로써 거의 500년 동안 유지되었던 고려는 역사 속으로 사라지고, 조선이 새롭게 등장하게 되었답니다.

궁금해요! 두문분출의 유래

경기도 개풍의 광덕산 두문동에는 고려의 옛 신하 72명이 고려 왕실에 대한 절개를 지키며 살고 있었지요. 조선을 건국한 이성계는 민심을 얻기 위해 이들을 불러내어 벼슬을 주려고 했어요. 그런데 아무리 달래고 꾀어도 그들은 꼼짝도 하지 않았답니다. 마침내 이성계는 두문동에 불을 지르게 했어요. 그렇게 하면 어쩔 수 없이 이들이 밖으로 나올 것이라고 생각했던 것이지요. 그러나 아무도 밖으로 나오지 않았답니다. 이것은 죽음도 두려워하지 않는, 고려에 대한 충성심을 보여 주는 이야기이지요. 여기에서 유래되어 어떤 곳에 틀어박혀 나오지 않을 때 '두문불출'이라는 말을 쓴답니다.

왕자들이 왕위를 다투다

세자 자리를 두고 다툼이 일어나다

조선의 세 번째 왕이었던 태종은 여러 형제를 죽이고 나서야 왕이 될 수 있었답니다. 태종의 형제들 사이에 무슨 일이 있었던 것일까요?

태조 이성계는 3명의 아내와 13명의 자식을 두었어요. 신의 왕후 한씨에게서 장남 이방우를 비롯한 여섯 형제와 두 딸, 신덕 왕후 강씨에게서 이방번, 이방석 형제와 딸 하나, 그리고 다른 부인에게서 두 딸을 두었지요. 이성계가 조선을 건국하고 왕위에 올랐을 때 이미 나이가 60살에 가까웠어요. 신하들은 세자 책봉을 서둘렀지요.

정도전을 비롯한 남은, 심효생 등 신하들은 왕이 혼자 나라를 다스리는 것이 아니라 왕과 재상(신하)이 함께 다스려야 한다는 생각을 가지고 있었어요. 정도전은 많은 왕자들 중에서 태조의 여덟째 아들 이방석이 자신의 생각을 실천에 옮길 수 있는 왕이 될 수 있다고 생각했어요. 그래서 이방석을 왕세자로 추천했지요. 자신의 아들을 세자로 세우고 싶었던 신덕 왕후의 뜻도 컸어요. 평소에 이방석을 아꼈던 이성계는 정도전의 주장에 따랐어요. 이방석이 왕세자가 되자, 신의 왕후가 낳은 왕자들은 불만을 가졌어요. 특히 다섯째 아들 이방원의 불만은 더 컸지요. 이방석은 겨우 11살이었지만, 첫째 이방우는 39살, 이방원 자신은 26살이었지요. 그래서 이방원은 이성계에게 이방우를 세자로 삼아야 한다고 주장했어요. 하지만 이성계는 이방원의 말을 듣지 않았어요.

왕자의 난이 일어나다

이방원은 조선을 세우는 데 큰 공을 세운 공신으로, 위화도 회군 후에 최영의 군대를 무찌르는 데 큰 역할을 했어요. 또 조선 건국에 반대하는 정몽주를 없애는 등 이성계가 왕위에 오를 수 있도록 정성을 다했어요. 그런데 아버지가 아우 이방석을 왕세자로 삼으니 이방원은 화가 났지요. 결국 이방원은 이방석을 받드는 신하들을 없애려고 정도전, 남은 등이 자신을 비롯한 왕자들을 죽일 계획을 모의하고 있다는 거짓 음모를 꾸몄어요. 이방원은 이것을 미리 막는다면서 정도전 일파를 일망타진하고, 아우 이방번과 이방석도 함께 없애 버렸어요. 이 사건을 '방석의 난' 또는 '제1차 왕자의 난'이라고 해요.

왕자들 간의 다툼으로 이방석과 이방번 형제가 살해당했다는 소식을 들은 태조는 매우 화가 나고 슬펐어요. 그래서 바로 다음 달, 둘째 아들 이방과에게 왕위를 물려주었답니다.

이방원의 부하에게 정몽주가 살해된 개성의 선죽교

원래 왕위에 뜻이 없었던 이방과는 왕위에 오르는 것을 사양했지만 이방원이 계속 권유하여 태조의 뒤를 이어 왕위에 올랐지요. 이 사람이 바로 정종이랍니다.

이방과(정종)가 임금이 된 뒤에, 모든 권력은 이방원이 차지했어요. 그런데 이방원의 넷째 형 이방간은 이를 못마땅하게 여겼지요. 어느 날, 이방간을 따르던 무리 중 하나가 이방원이 자신을 죽이려 한다고 거짓으로 보고했어요. 화가 난 이방간은 군대를 동원해 이방원을 공격했지요. 하지만 이방간의 군대는 수적으로 우세한 이방원의 군대에게 지고 말았지요. 이것을 두 번째로 일어난 왕자들 간의 다툼이라고 하여 '제2차 왕자의 난'이라고 한답니다.

제2차 왕자의 난 뒤에 정종은 이방원에게 왕위를 물려주었어요. 이로써 이방원은 조선의 세 번째 왕, 태종이 되었지요.

궁금해요! 함흥차사의 유래

왕자의 난으로 태조는 사랑하던 아들 이방번과 이방석을 잃었어요. 이 때문에 태조는 이방원을 많이 미워했지요. 그래서 태조는 이방원이 임금이 되자 고향 함흥으로 내려가 버렸어요.

태종은 뒤늦게 불효를 깨닫고, 여러 차례 차사(왕이 파견한 임시 벼슬아치)를 보내 태조가 돌아오기를 간청했지요. 그러나 그때마다 태조는 차사를 모두 죽여 버렸어요. 여기에서 심부름을 갔다 오지 않거나 늦게 온 사람을 가리켜 '함흥차사'라는 말이 나오게 된 것이랍니다.

조선 시대

한양을 새 도읍지로 정하다

대한민국의 수도 서울은 언제부터 우리나라의 수도가 되었을까요? 바로 조선 시대부터였어요. 새로운 나라를 세운 이성계는 나라를 빨리 안정시키고 백성들의 마음을 얻기 위해서 새 도읍지를 정해야 된다고 생각했어요. 500년 가까이 고려의 수도였던 개경에는 겉으로 드러내지는 못했지만 조선 건국에 반대하는 사람들이 많이 남아 있었지요. 그래서 태조는 하루빨리 새 도읍지를 찾아야 했어요. 계룡산 근처 등 여러 곳을 놓고 고민한 끝에 '한양'을 새로운 도읍지로 결정했답니다.

그렇다면 한양은 어떤 이유로 새 왕조의 도읍지가 되었을까요?

동국여도 중 〈도성도〉
조선 후기에 한양의 구조와 주요 건물을 표시한 지도랍니다.
한양을 에워싸고 있는 산과 한강을 한눈에 볼 수 있어요.

숭례문

한양은 사면이 북악산, 남산 등 산으로 둘러싸여 있어 외적의 침입을 막아 내는 데 유리했어요. 또 한반도 전체로 볼 때 중앙부에 자리 잡고 있어 육로뿐만 아니라 한강을 이용하는 수로 교통도 매우 편리한 곳이었답니다. 이렇듯 한양은 한 나라의 도읍지가 될 만한 조건을 충분히 갖추었기 때문에 새 도읍지로 결정된 것이지요.

　한양에는 궁궐을 비롯한 중요한 건물들이 세워졌어요. 이 건물들의 이름은 유교 경전에서 따왔지요. 도성의 4대문도 유교의 중요한 덕목인 인, 의, 예, 지를 담아 흥인지문, 돈의문, 숭례문, 숙정문(또는 소지문)으로 이름을 지었답니다.

경복궁 근정전

흥인지문

세종 대왕, 우리글을 만들다

 1443년 우리말을 정확히 표기할 수 있는 문자가 만들어졌어요. 바로 세종 대왕이 창제한 '훈민정음'이지요. 훈민정음은 다양한 우리말을 마음대로 표현할 수 있고, 어떤 소리라도 표현할 수 있는 우수한 문자예요. 한문은 문자마다 뜻을 알아야 쓸 수 있었지만, 훈민정음은 소리 나는 대로 쓸 수 있어 익히기가 훨씬 쉬웠어요.

 그러나 집현전 학자 최만리는 "중국과 다른 문자를 만드는 것은 예에 어긋나며, 스스로 오랑캐가 되려는 것입니다."라며 훈민정음 사용에 반대했지요.

 세종은 신하들의 반대에도 뜻을 굽히지 않았어요. 오히려 훈민정음을 실생활에 활용하고자 노력했지요. 먼저 〈용비어천가〉를 훈민정음으로 지어 왕실 조상의 업적을 찬양하고 널리 알렸어요. 또 충신, 효자, 열녀 등의 행적을 그림과 글로 설명한 〈삼강행실도〉를 훈민정음으로 옮겨 일반 백성들에게 유교 윤리를 널리 보급하고자 했지요. 그리고 〈농사직설〉 등 농사짓는 데 필요한 책도 훈민정음으로 옮겨 백성들에게 보급했어요.

 훈민정음은 다양한 이름으로 불렸답니다. 백성들이 쓰는 천한 글이라는 의미에서 '언문'이라고 불리기도 했고, 여자들이 많이 쓴다고 하여 '암클'이라고 불리기도 했지요. 1800년대에 '국문'이라고 하다가 일제 강점기에 주시경이 '하나' 또는 '큰'이라는 의미를 가진 '한'을 붙여서 훈민정음을 '한글'로 부르면서 지금까지 '한글'이라고 불리고 있어요.

조선 시대

과학 기술이 발달하다

조선 초기에 과학 기술이 크게 발달했어요. 특히 한글을 만든 세종 대왕은 과학 기술에도 큰 관심을 보였지요. 그래서 천문학, 농학, 인쇄술, 의학 등 여러 분야가 발달했는데, 그중 천문학의 성과가 컸답니다.

천문학은 서운관이라는 관청에서 담당했어요. 서운관의 관원들은 간의대를 세워 날마다 밤하늘을 관측했다고 해요. 그리고 별자리를 관측하는 장치인 혼천의를 제작했지요.

한편 1441년 세계 최초로 비의 양을 재는 측우기가 만들어졌어요. 측우기의 발명으로 강수량을 잴 수 있어 농사를 짓는 데 크게 도움이 되었지요. 세종은 측우기 제작에 왕세자를 직접 참여시키기도 하고, 신분에 관계없이 능력에 따라 학자와 기술자를 등용해 참여시켰어요. 이때 천민 출신 장영실이 능력을 인정받아 관리가 되기도 했지요. 장영실은 혼천의, 측우기, 해시계 등을 만들었어요.

각도기와 비슷한 구조로 혼천의를 간소화한 간의

측우대와 측우기

세종이 임금의 자리에 올랐을 때까지도 조선은 중국의 달력을 빌려 사용하고 있었지요. 그런데 우리나라에서 해가 뜨고 지는 시간은 중국과 달랐어요. 그래서 중국의 달력과 우리나라의 농사 시기가 맞지 않아 농사짓는 데 어려움이 컸지요. 세종은 무엇보다도 조선에 맞는 시계와 달력이 필요하다고 생각해 장영실 등 여러 과학자들에게 조선에 맞는 시계를 만들도록 했지요.

　마침내 장영실을 비롯한 과학자들은 해시계인 앙부일구, 물시계인 자격루 등을 만들었어요. 앙부일구는 솥처럼 생긴 오목한 시계판에 눈금을 그려 넣고, 해가 동쪽에서 떠서 서쪽으로 지면서 생기는 그림자를 보고 시간을 파악할 수 있게 만든 기구였어요. 세종은 앙부일구를 종로거리에 두어 지나가는 사람들이 쉽게 볼 수 있도록 했지요. 자격루는 중국과 아라비아에 있었던 물시계의 원리를 참고해 만든 물시계였는데, 물의 흐름에 따라 스스로 소리를 내어 시각을 알리는 장치였어요. 물시계는 해시계를 사용할 수 없는 흐린 날이나 비가 오는 날에 사용했겠지요? 현재 자격루는 없어졌지만 여기에 사용된 항아리 등 장치의 일부가 남아 있어요. 그리고 이때에 한양의 하늘에 뜨는 해, 달 등의 움직임을 기준으로 한 〈칠정산〉이란 달력이 만들어졌어요. 이로써 조선은 우리나라에 맞는 정확한 시간을 계산할 수 있게 되었답니다.

앙부일구

조선 시대

소박하고 기품 있는 문화를 이루다

조선의 문화는 유교의 영향으로 일상생활과 밀접한 문화가 발달했어요. 그래서 화려하기보다는 소박하고 기품이 있지요.

조선 시대를 대표하는 건축물로 궁궐과 종묘가 있어요. 궁궐은 왕실의 위엄과 권위를 보여 주는 상징물이지요. 조선의 으뜸 궁궐은 단연 경복궁으로, 조선이 건국된 후 가장 먼저 세워졌어요. 창덕궁은 아름다운 후원으로 유명하며, 유네스코 세계 문화유산으로 등록되었어요. 그리고 종묘는 왕과 왕비의 영혼이 머무는 집이라고 할 수 있어요. 예로부터 종묘는 땅과 곡식의 신을 모시는 사직과 함께 왕조 또는 나라 그 자체를 나타내는 말로 쓰이기도 했지요. 화려한 장식을 없앤 단순하면서도 웅장한 모습을 갖춘 종묘도 유네스코 세계 문화유산으로 등록되었어요.

조선 시대에는 성리학을 공부한 양반이 지배층을 이루었고, 이들을 중심으로 문화와 예술이 발달했지요. 유교적인 사회 질서가 자리를 잡으면서 양반들은 단아하고 절제된 아름다움을 추구하는 것이 양반의 미덕이라고 생각했어요. 그래서 도자기도 화려한 청자보다는 소박한 분청사기와 백자를 좋아했지요. 이 중 순백색의 백자는 선비들의 소박함과 매우 잘 어울렸어요.

또 양반들은 고상한 정신세계를 표현한 산수화와 사군자 그림을 많이 그렸어요. 산수화란 산과 물이 어우러진 멋진 풍경을 그린 그림이고, 사군자는 덕과 학식을 갖춘 사람의 인품에 비유되는 매화, 난초, 국화, 대나무를 말해요.

조선 시대

신분에 따라 다른 삶을 살다

최고의 신분, 양반이 살다

조선 시대에는 신분 제도가 있었어요. 법적으로는 크게 양인과 천민으로 구분되었지요. 양인은 과거에 응시해 합격하면 벼슬길에 오를 수 있는 사람을 말해요. 이들은 세금을 내고, 군대를 가야 하는 의무가 있었지요. 반면 천민은 자유가 없었어요. 하지만 점차 양인은 귀한 신분인 양반과 보통사람인 상민으로 구분되었고, 양반과 상민 사이에 중인 신분이 생겼어요. 그래서 조선의 신분은 양반, 중인, 상민, 천민으로 나뉜답니다.

양반은 본래 문반과 무반을 합쳐서 부르는 이름이었어요. 그런데 차츰 그 가족이나 가문까지도 양반으로 부르게 되었지요. 양반은 넓은 토지와 많은 노비를 가졌고, 과거를 통해서 관직에 나아갈 수 있었어요. 그런데 음서라고 하여 조상이 높은 직책에 올랐거나 큰 공이 있으면 그 자손들은 과거를 보지 않더라도 벼슬길에 나아갈 수도 있었지요. 그리고 여러 가지 세금을 내지 않거나 군대를 가지 않아도 되었어요.

함경도에서 실시된 과거 시험 장면을 그린 북새선은도

중인이 전문 기술직으로 살다

중인은 양반과 상민의 중간에 해당하는 신분이에요. 주로 전문 기술직에서 일하는 사람들과 서얼이 여기에 속해요. 서얼은 양반의 첩이 낳은 자식을 말해요. 전문직에서 일하는 사람으로는 관청에서 일하는 서리와 향리, 역관(통역관), 의관(의사), 법률가 등이 있었어요. 이들은 대부분 같은 신분 안에서 결혼하고, 직업을 자식들에게 물려주었어요.

중인은 양반에게 무시당하기도 했지만, 전문 기술이나 행정을 담당했기 때문에 나름대로 행세했어요. 통역을 담당했던 역관은 무역에 관여해 돈을 많이 벌기도 했고, 의관은 사람의 목숨을 다루었기 때문에 관리들도 함부로 대하지 못했지요. 지방의 향리는 대대로 그 지역에 살면서 영향력을 행사하는 토착 세력이에요. 이들은 수령을 돕는 역할을 담당하면서 한편으로는 백성들에게 위세를 부리기도 했지요.

타작(김홍도)
일하는 사람들은 상민 또는 노비이고 비스듬히 누워 있는 사람이 양반이에요.

대장간(김홍도)
풀무에 불을 피워 쇠를 달군 뒤 그 쇠를 망치로 때리는 작업을 하고 있는 대장간의 풍경이에요.

상민, 국가 재정의 기반으로 살다

상민은 다른 말로 평민 또는 양민이라고도 해요. 상민의 대부분은 농민, 수공업자, 상인이었지요. 나라에서 상민이 과거에 응시하는 것을 금지하지는 않았지만, 이들이 과거에 합격하기란 매우 어려운 일이었어요. 과거 준비에는 시간과 비용이 많이 들었기 때문이지요.

상민의 대부분을 이룬 농민은 토지에 매기는 세금인 조세와 특산물을 바치는 공납, 그리고 일정 기간 군대에 가는 군역, 공사에 동원되어 노동력을 제공하는 부역 등의 의무를 졌어요.

천민, 천한 일을 하다

천민의 대부분은 노비였어요. 노비는 재산으로 취급되어 상속, 매매, 선물이 가능했지요. 조선 시대에는 부모 중 어느 한쪽이라도 노비이면, 그 자식도 노비가 되는 것이 일반적이었어요. 그중에는 주인집이나 그 주변에 살면서 주인의 손발 노릇을 하는 노비도 있었고, 주인집과 멀리 떨어져 살면서 포(옷감)나 돈으로 몸값을 내는 노비도 있었어요. 또 왕실이나 관아에 속한 노비들도 있었지요.

노비 외에 소를 잡는 백정, 무당, 기생, 광대 등도 천민 대우를 받았답니다.

무녀신무(신윤복)
굿을 하는 무당과 음악을 연주하는 사람은 모두 천민 대우를 받았어요.

훈구파와 사림파가 다투다

세조가 단종을 쫓아내고 왕위를 차지하는 데 공을 세웠던 훈구파가 권력을 독차지하게 되었어요. 이후 그 세력이 너무 커지자 성종은 그들을 견제하기 위해 사림파를 등용했어요.

성종은 사림파에게 국정을 맡고 있는 관리들의 잘못을 따지고 비판하는 역할을 맡겼지요. 훈구파는 사사건건 자신들을 비판하는 사림파가 눈엣가시 같았어요. 그래서 사림파를 몰아내려고 음모를 꾸몄는데, 이것 때문에 사림파는 큰 피해를 입었어요. 이러한 상황을 사림들이 화를 입었다는 의미에서 '사화'라고 한답니다. 사화는 네 차례나 일어났어요.

1498년에 일어난 무오사화는 사림파 김종직이 〈조의제문〉을 지어 세조가 단종을 죽인 것을 비난했다고 훈구파가 연산군에게 모함하여 김종직의 제자들이 큰 화를 입은 사건이에요. 1504년에 일어난 갑자사화는 연산군의 어머니인 폐비 윤씨 사건의 관련자들이 처형되면서 많은 사림파가 피해를 입은 사건이지요. 1519년에 일어난 기묘사화는 훈구파를 비판하며 개혁을 펼쳤던 조광조와 그를 따른 사림들이 처형된 사건이지요. 마지막으로 1545년에 일어난 을사사화는 권력을 잡고 있던 외척 윤씨들 간의 다툼 때문에 일어났어요. 사림파는 훈구파의 탄압으로 많은 피해를 입었지만, 꾸준히 세력을 키워 선조 이후에는 중앙 정치를 주도하게 되었지요.

조광조

임진왜란이 일어나다

일본이 조선을 침략하다

1592년에 일본이 20만 명에 가까운 군사를 이끌고 조선에 쳐들어왔어요. 임진왜란이 시작된 것이지요.

당시 조선은 오랫동안 평화로웠기 때문에 군사들은 전투 경험이 거의 없었어요. 게다가 양반 내부에서 붕당이 생겨 양반들이 나뉘어 서로 다툼을 벌였고, 농민들의 생활은 아주 힘들었어요. 그 무렵 조정에서는 일본에 사신을 보내 정세를 살피기도 했지만 제대로 정보를 수집하지 못했고, 대비책도 마련하지 못했어요.

일본의 상황은 달랐답니다. 당시 일본은 도요토미 히데요시가 일본의 혼란을 끝내고 나라를 통일했어요. 그러고는 조선과 중국을 정복해 동아시아를 지배하려는 계획을 세웠지요. 도요토미는 군대를 훈련시키고 서양에서 조총을 들여와 군인들을 무장시켰어요. 그러고 나서 조선에 명나라를 치러 가기 위한 길을 내달라고 요구했어요. 조선은 일본의 요구를 당연히 거절했지요.

그러자 일본이 이를 구실로 부산포에 쳐들어왔어요. 부산과 동래에서는 정발과 송상현이, 충주에서는 신립이 일본군에 맞서 용감히 싸웠어요. 그러나 일본군이 부산에 상륙한 지 20일 만에 한양은 일본군의 손에 넘어가고 말았어요. 일본군은 평양을 거쳐 함경도까지 올라갔지요. 선조는 평안도 의주까지 피난을 갔어요.

조선의 수군과 의병이 크게 활약하다

조선은 왜 전쟁 초기에 일본을 막아 낼 수 없었을까요? 그 이유는 일본군이 쳐들어오자 관리들이 자신들만 살겠다고 도망쳤기 때문이에요. 그래서 육지에서는 일본군에게 계속 패했어요.

하지만 바다에서 이순신 장군이 이끈 수군의 활약이 대단했지요. 그래서 전세는 점점 바뀌었어요. 당시 전라 좌수사 이순신, 경상 우수사 원균 등이 이끈 조선의 수군은 일본군보다 훨씬 우수한 선박과 무기를 가지고 있었어요. 백성들도 이들과 힘을 합쳐 함께 싸웠지요. 그래서 옥포, 당포, 부산포, 한산도에서 승리를 거둘 수 있었어요. 또 전국 각지에서는 도망친 관리들을 대신해 양반과 농민들이 조직한 의병이 일어났어요. 의병은 자신들의 마을과 가족을 스스로 지키기 위해 열심히 싸웠지요.

한편 명나라의 지원군이 조선군과 합세했어요. 이로써 곧 평양을 되찾았고 행주산성에서는 일본군에게 대승을 거두었어요. 그리고 한양도 되찾았답니다. 행주산성에서 패한 일본은 경상도에 머물면서 성을 쌓고 명나라와 휴전할 것을 약속했어요. 하지만 1597년 1월에 일본은 15만 명의 군사를 이끌고 또다시 조선을 침략했어요. 이번에는 조선이 만반의 준비로 일본군을 쉽게 막아 냈지요. 일본군은 전세가 불리해진 데다가 본국에서 도요토미 히데요시가 죽자 조선에서 물러났어요.

이순신 장군이 거북선을 이끌고 나아가는 모습을 그린 귀선도

전쟁이 변화를 가져오다

약 7년에 걸쳐 일어난 왜란은 조선뿐 아니라 일본과 명나라에도 많은 영향을 주었어요. 조선은 전쟁으로 가장 많은 피해를 입었지요. 많은 사람들이 죽고 땅은 황폐해졌으며, 경복궁을 비롯한 많은 건물과 서적, 미술품 등이 불타 버렸거나 약탈당했어요. 그래서 조선은 국방을 튼튼히 하려는 노력을 기울였어요. 군사 제도를 재정비하고 무기를 개량했지요. 일본의 조총을 연구해 직접 조총을 제작할 수 있게 되었어요.

일본에서는 무리한 전쟁을 오래 끌었던 도요토미 정권이 무너지고 도쿠가와 이에야스가 정권을 차지했어요. 그리고 조선에 대규모의 지원군을 보냈던 명나라는 국력이 쇠약해졌어요. 이 틈을 타 북쪽의 여진이 세력을 넓혔고, 이로 인해 명나라는 결국 멸망하고 말았답니다.

궁금해요! 철갑으로 덮인 거북선

거북선은 판옥선에 거북 모양의 철갑 지붕을 씌운 전투함이에요. 판옥선은 명종 때 만들어진 전투함으로 외판이 두꺼운 널판으로 되어 있어 튼튼했어요. 또 갑판이 이중으로 되어 있어서 위에는 대포와 병사들이, 아래에는 노 젓는 사람들이 있었지요. 당시 일본군은 상대편 배에 가까이 다가간 후 배 위에 뛰어내려 싸웠어요. 하지만 조선의 배는 아주 튼튼했기 때문에 충돌할 경우 일본군의 배가 깨지기 일쑤였지요. 특히 거북선은 쇠못이 박혀 있는 철갑으로 덮여 있어 일본군이 뛰어내릴 수 없었어요. 거북선은 일본군의 배로 가까이 다가가 화포를 발사해 배를 침몰시켰어요. 조선은 거북선 덕분에 임진왜란에서 큰 승리를 거둘 수 있었답니다.

조선 시대

광해군이 왕위에서 쫓겨나다

선조의 뒤를 이어 왕이 된 광해군은 왜란의 피해와 전쟁으로 일어난 혼란을 극복하기 위해 많은 노력을 기울였어요. 대동법을 실시해 백성들의 부담을 줄여 주고, 불타 버린 궁궐을 다시 지으려고 노력했어요. 그리고 여진이 세운 후금이 크게 성장하고 명나라의 세력이 약해지는 국제 정세를 잘 살펴 두 나라 사이에서 중립적인 외교 정책을 펼쳐 후금의 침략을 막으려고 노력했답니다. 그러나 광해군은 조선 시대에 반정이 일어나 쫓겨난 두 명의 왕 가운데 한 명이 되고 말았어요. 연산군은 제멋대로 나라를 다스린 폭군이라 왕위에서 쫓겨났지만, 광해군은 왜 쫓겨났을까요?

광해군은 선조의 둘째 아들로, 후궁이 낳은 왕자였어요. 왕비에게서 얻은 왕자가 없어서 세자 책봉을 미루고 있던 선조는 임진왜란이 일어나자 어쩔 수 없이 광해군을 세자로 삼았지요.

광해군 묘

 그러나 왜란이 끝난 후 선조가 새로 맞아들인 왕비(인목 대비)에게서 영창 대군이 태어났어요. 인목 대비는 영창 대군을 세자로 삼고 싶었지만, 선조가 죽자 광해군이 왕위에 올랐지요.

 광해군은 인목 대비와 영창 대군에 대해 왕권을 위협하는 존재라고 생각했어요. 그래서 광해군은 영창 대군을 강화도로 귀양 보내 죽이고, 인목 대비를 서궁(지금의 덕수궁)에서 나오지 못하게 했지요. 이로 인해 1623년에 능양군(후에 인조)과 일부 양반 관리들이 군대를 일으켜 광해군을 왕위에서 쫓아냈어요. 광해군이 아우를 죽이고, 새어머니 인목 대비를 가두었다는 이유에서였지요. 결국 광해군은 강화도로 유배되었다가 제주도에서 세상을 떠났어요.

병자호란이 일어나다

인조가 친명 정책을 펴다

인조가 광해군을 왕위에서 내쫓을 때 몇 가지 이유를 내세웠어요. 첫 번째는 광해군이 윤리에 어긋나는 짓을 저질렀다는 것이고, 두 번째는 임진왜란 때 조선을 도와준 명나라에 대한 은혜와 의리를 저버렸다는 것이었어요.

왜란 후 명나라의 힘이 약해지고 있던 1616년에 후금이 등장했어요. 후금은 누르하치가 여진의 여러 부족들을 모아 세운 나라였어요. 1100년대에 여진이 세웠던 금나라를 계승했다는 의미에서 후금이라 했지요. 광해군은 후금의 힘이 강해지자 명나라와 후금 사이에서 누구의 편도 들지 않는 중립을 유지하려고 애썼어요. 이때 명나라와 후금 사이에 전쟁이 벌어져 명나라가 조선에 지원군을 요구했어요. 광해군은 이 싸움에 끼어들면 조선이 위험하다고 생각했지요. 그래서 명나라의 요구대로 강홍립에게 군대를 주어 보내면서 은밀하게 이렇게 명령했어요. "싸움의 상황을 보고 유리한 쪽으로 결정하라."

임금의 명을 받은 강홍립은 전세가 명나라에 불리하게 돌아가자 후금에 항복했어요. 이러한 결정 때문에 후금과의 전쟁은 피했지만 광해군은 인조와 그를 따르는 무리의 비판을 받았고 결국 왕위에서 쫓겨났어요.

광해군을 쫓아낸 인조는 후금을 멀리하고 명나라를 섬기는 외교 정책을 폈어요. 이것은 후금이 조선을 침략하는 중요한 이유가 되었지요.

두 차례 호란이 일어나다

1627년 후금은 3만 명의 병력으로 조선에 쳐들어왔어요. 이를 정묘호란이라고 해요. 기마병이 중심이었던 후금의 군대는 매우 강했지요. 한양이 후금의 손에 들어가자 조선은 버틸 수가 없어 결국 후금과 화해를 했어요. 조선이 후금과 형제 관계를 맺고, 막대한 공물을 바치겠다고 약속하자 후금의 군대가 물러갔어요.

1636년 후금은 나라 이름을 '청'으로 바꾸고, 조선에게 이전에 맺었던 형제 관계를 군신 관계로 바꾸자고 요구했어요. 그러자 인조는 청나라와 맺었던 약속을 취소하고 백성들에게 전쟁에 대비할 것을 알렸어요.

1636년 12월에 청은 12만 명의 군사를 이끌고 조선을 침략해 왔어요. 이를 병자호란이라고 해요. 청나라 군대가 한양으로 몰려오자 왕실 사람들은 강화도로 피난을 떠나고, 인조는 강화도로 가려다가 길이 끊겨 남한산성으로 들어가 계속 싸웠어요. 신하들은 청나라와 계속 싸워야 할지 화해를 해야 할지를 두고 의견이 갈려 대립했지요. 청나라 군대는 남한산성을 포위하고 성으로 물자가 들어가지 못하도록 막았어요. 시간이 갈수록 굶어 죽는 사람과 얼어 죽는 사람이 늘어갔어요. 결국 인조는 45일 만에 항복하고 말았어요.

남한산성의 동문

추운 겨울에 성안에서 버티느라 고생이 많았겠어요.

항복의 굴욕을 당하다

평민이 입는 남색 옷을 입고, 삼전도(서울 송파구)로 간 인조는 삼전도에 와 있는 청나라의 태종에게 세 번 절하며 아홉 번 머리를 조아리는 항복 의식을 치렀어요. 절을 할 때 반드시 머리가 땅에 부딪치는 소리가 크게 나야 했기 때문에 인조의 머리는 피투성이가 되었지요. 청나라의 태종은 청나라의 승리를 기념하는 비석을 세우라고 명령했어요. 그래서 삼전도에는 〈대청 황제 공덕비〉가 세워졌지요.

전쟁에서 패한 조선은 청나라가 요구한 모든 조건을 들어줄 수밖에 없었어요. 조선은 청나라를 섬기고, 명나라와 관계를 끊을 것, 공물을 바칠 것을 약속했어요. 그리고 소현 세자와 봉림 대군, 수많은 신하를 청나라에 볼모로 보내야 했답니다.

대청 황제 공덕비 (삼전도비)

인물 이야기: 새로운 문물을 받아들인 소현 세자

병자호란 후 인조의 맏아들 소현 세자는 아우 봉림 대군과 함께 청나라에 인질로 끌려갔어요. 소현 세자는 그곳에서 접한 서양 문물에 관심을 보이면서 그것들을 배웠어요. 9년 만에 조선으로 돌아왔지만, 청나라를 미워했던 인조는 청나라의 발전과 서양 문물에 관심을 가지고 있는 소현 세자를 못마땅하게 여겼어요.

어느 날 소현 세자가 우수한 서양 기계와 책을 인조에게 자랑하자, 인조는 세자의 머리에 벼루를 던졌다고 해요. 그로부터 약 두 달 뒤 소현 세자는 독살이 의심되는 병으로 죽고 말았답니다.

서양 문물이 들어오기 시작하다

중국에서 서양 선교사와 접촉하다

조선 시대 사람들이 알고 있는 외국은 주로 중국, 일본, 몽골, 여진, 유구(일본 오키나와), 안남(베트남) 정도였어요. 인도와 아라비아는 조금 알고 있었지만, 유럽이나 아메리카는 거의 몰랐지요.

1600년대에 이르러서야 중국을 오가던 사신들을 통해 서양 문물이 조선에 알려지기 시작했어요. 당시 중국에 온 서양의 선교사들은 서양의 과학 기술을 소개하여 서양에 대해 먼저 알린 후에 천주교를 전파하려고 했기 때문에 청나라 수도 연경에는 서양 물건이 많이 있었답니다.

천리경
천 리 밖을 볼 수 있는 거울이라는 뜻으로 오늘날의 망원경을 말해요.

한편 중국에 다녀온 사신 가운데에는 서양의 선교사를 만나 서양에 대해 알게 된 사람도 있었어요. 또 어떤 사신은 중국어로 옮겨 놓은 서양의 과학 기술책을 읽기도 했지요. 이들이 서양의 문물을 조선에 들여와 소개하기 시작했답니다. 선조 때 이광정은 세계 지도를 들여왔어요. 인조 때 정두원은 조선의 것보다 발달된 화포와 천리경, 자동으로 소리를 내 시간을 알려 주는 시계인 자명종 등을 전했지요. 그리고 마테오 리치라는 이탈리아 사람이 쓴 천문에 관한 책과 서양을 소개하는 책 등을 들여왔어요.

　여러 사람들이 조선에 들여온 서양 문물은 전통적 기술과 더해져 조선의 과학 기술 분야가 발전하는 데 크게 영향을 주었답니다.

자명종

곤여만국전도(세계 지도)

서양 문물과 서양 사람이 조선에 오다

중국이 세계의 중심이라고 생각했던 조선 사람들은 서양 문물을 대하면서 더 넓은 세계가 있다는 사실을 깨닫게 되었어요. 특히 중국을 통해 들어온 서양의 새로운 문물은 실학자들에게 많은 영향을 주었답니다. 그중에서도 천문학과 지도 제작 분야가 크게 발전했지요.

김석문은 우리나라에서 지전설(지구가 돈다는 학설)을 처음으로 주장했어요. 여기에 더해 홍대용은 지구가 우주의 중심이 아니라는 주장까지 내놓았어요. 이러한 지전설은 중국 중심의 유교적 세계관을 비판할 수 있는 근거가 되기도 했답니다.

서양 선교사들이 만든 〈곤여만국전도〉와 같은 세계 지도도 들어왔어요. 조선 사람들은 이 지도를 보고 세계에 수많은 나라가 있다는 사실을 알고 매우 놀랐지요. 그리고 그 영향을 받아 우리나라도 더 정확한 지도를 만들 수 있게 되었답니다.

우리나라에 서양 사람들이 처음 찾아온 것은 언제일까요? 바로 인조 때였어요.

인조 때 네덜란드 사람이었던 벨테브레와 그의 동료 2명이 배를 타고 일본으로 가던 중 풍랑을 만나 제주도에 머물게 되었지요. 서양인을 신기하게 여긴 제주도 사람들은 그들을 잡아 한양으로 보냈어요. 조선에서는 그들을 잘 대접했어요. 특히 벨테브레는 조선의 아름다운 자연과 풍속, 따뜻한 인정에 반해 이름을 박연으로 고치고 조선 여자와 결혼해서 평생을 조선에서 살았답니다. 벨테브레는 훈련도감에 소속되어 서양식 대포를 만드는 법과 조종법을 가르쳐 주었어요.

1653년에는 하멜 등 네덜란드 인 36명이 일본으로 가다가 풍랑을 만나 제주도에 표류했어요. 이때 벨테브레가 이들의 통역 역할을 했지요. 하멜은 1666년에 조선을 탈출해 일본을 거쳐 네덜란드로 돌아갔어요. 그리고 조선에서의 경험을 적어 책으로 펴냈지요. 하멜이 지은 〈하멜 표류기〉는 조선을 서양에 처음으로 알린 책이랍니다.

물건을 사고파는 시장이 발달하다

상품 화폐 경제가 발달하다

왜란과 호란을 겪고 난 뒤 조선에서는 새로운 변화가 일어나고 있었어요. 이전에는 사람들이 먹기 위해 농사를 짓고 자기가 쓸 물건을 만드는 데 힘썼다면 이제는 시장에 내다 팔기 위해 상품을 생산하고, 자신이 필요한 물건은 시장에서 사왔지요. 이 과정에서 화폐를 이용했어요. 이것을 상품 화폐 경제라고 해요.

새로운 움직임은 농업 분야에서 먼저 시작되었어요. 나라는 물론 양반, 농민들은 전쟁 이후 어려워진 경제 상황을 극복하기 위해 함께 노력했지요. 황폐해진 땅을 개간하고, 새로운 농기구를 만들어 사용하기도 했으며, 비료 주는 법을 개량하는 데 힘썼어요. 특히 논농사에서는 모내기법을 널리 이용했어요. 모내기법이란 모판 위에 씨앗을 심은 뒤 잘 자란 모만 골라내어 논에 옮겨 심는 농사법이에요.

사람들은 모내기 방식을 이용하면서 논에 씨를 직접 뿌려 농사를 지을 때보다 잡초를 뽑는 일손을 줄일 수 있었어요. 또 잘 자란 모만 골라서 논에 옮겨 심었기 때문에 수확량을 늘릴 수 있었답니다.

이앙도(모내기)

그뿐이 아니었어요. 농사를 짓는 데 일손이 덜 들어가면서 한 사람이 농사지을 수 있는 농토가 그만큼 넓어졌지요. 이것을 광작이라고 해요. 한 사람이 더 넓은 땅에서 더 많은 농사를 지을 수 있으니 농민들의 생활 수준은 훨씬 나아졌을까요? 광작을 하는 사람은 부자가 될 수 있었지요. 하지만 그렇지 않은 사람도 있었어요. 넓은 농토를 가진 사람에게서 땅을 빌려 농사를 짓던 가난한 농민은 빌렸던 땅을 돌려주어야 했어요. 부유한 농민과 가난한 농민의 구분이 뚜렷해진 것이지요. 땅이 없어 농사를 지을 수 없게 된 가난한 농민은 부유한 농민의 집에서 약간의 품삯을 받고 일을 하거나 그 집의 머슴이 되기도 했어요.

설중향시도
겨울에 눈을 뚫고 물건을 팔기 위해 시장으로 가는 상인들의 모습을 그린 풍속화예요.

한편 밭에서는 고구마, 감자, 고추, 호박, 담배, 인삼과 같은 작물을 재배하게 되었어요. 이런 작물들은 상품으로 사고팔 수 있다고 하여 상품 작물이라고 해요. 그리고 상품 작물을 내다 파는 상인들이 생겨났고, 시장이 발달했지요. 상인들 중에는 배를 이용하여 한강을 오가며 장사를 한 경강상인, 개성의 송상, 의주의 만상, 동래의 내상 등이 있었어요. 이들은 많은 물건을 거래하면서 큰 이익을 얻기도 하고, 청나라와 일본의 상인과 거래하기도 했어요.

상평통보를 사용하다

시장에서 물건을 사고팔기 위해 꼭 있어야 하는 것이 무엇일까요? 바로 화폐예요. 화폐를 사용하기 전에는 물건을 사거나 세금을 낼 때 옷감, 쌀 등을 이용했답니다. 하지만 이런 것들은 가지고 다니거나 보관하기가 매우 불편했지요.

시장이 발달함에 따라 거래에 편리한 화폐가 널리 사용되었어요. 화폐는 고려 시대부터 만들어졌지만, 사람들은 화폐를 거의 사용하지 않았어요. 이후 조선 시대에 숙종은 상평통보를 만들어 백성들이 사용하도록 적극적으로 장려했지요. 상평통보는 동그라미 모양에 가운데 네모 구멍이 뚫린 동전이었어요. 이는 '하늘은 둥글고 땅은 네모나다'는 당시 사람들의 생각을 표현한 것이라고 해요. 그 뒤 나라에 세금을 내고 상거래를 하는 데 상평통보가 널리 사용되었어요.

상평통보

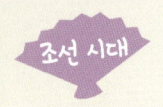

조선 시대 사람들은 어떻게 살았을까?

여러분은 조선 시대 사람들이 어떻게 살았는지 궁금한 적이 있었나요? 그때 사람들의 생활이 계절에 따라 어떠했는지 함께 살펴볼까요?

조선 시대 사람들은 대부분 농사를 짓고 살았어요. 입춘과 곡우가 지나면 농민들은 씨를 뿌릴 준비를 했어요. 조선은 농사짓는 일을 나라의 근본으로 삼았기 때문에 왕이 직접 농사를 지어 모범을 보이기도 했고, 선농단에서 풍년을 기원하는 제사를 지내기도 했답니다. 농민들은 봄이 시작되면 논갈이와 씨뿌리기를 하고, 5월 말쯤에 모내기를 했지요. 그리고 무당을 통해 한 해의 풍년과 흉년을 미리 점치기도 했어요. 또 봄에는 산과 들에 핀 진달래꽃을 따다 화전을 만들어 먹기도 했지요.

본격적으로 농작물이 커가는 여름, 6월에는 보리를 타작하고 7월부터 김매기에 힘을 썼습니다. 김매기는 농작물이 자라는 데 피해를 주는 잡초를 없애는 작업으로, 농사 과정 중에 가장 힘든 일이었어요. 음력 7월 7일 무렵에는 김매기를 끝내고 '호미씻이'라고 하여 농사의 힘든 일을 마치고 술과 음식을 서로 나누며 흥겹게 하루를 즐겼어요. 이 밖에 어촌에서는 풍부해진 생선과 조개 등을 잡았으며, 바닷가 염전에서는 소금을 채취하는 데 온 힘을 기울였답니다. 여름에는 더위를 이기기 위해 삼계탕을 먹었지요.

농작물을 수확하는 가을에 농민들은 더욱 바쁘게 일했어요. 이 시기에는 나라에서도 농사일에 방해가 될 수 있는 일은 하지 않았어요. 추석에는 수확에 대한 감사의 뜻으로 햇곡식과 햇과일로 정성껏 상을 차려 조상에게 차례를 지냈으며, 햅쌀로 송편을 만들어 먹었지요. 그리고 그 해 거둔 수확물 중 일부는 지주에게 땅을 빌려 쓴 값으로 주고, 또 일부는 시장에 가져가 생필품으로 바꾸기도 했어요. 입동과 소설이 들어 있는 11월경부터 곡식과 채소를 저장하고, 구멍 뚫린 문을 새로 고치거나 초가지붕의 이엉을 새로 올리는 등 추운 겨울을 날 준비를 했지요.

매서운 추위가 찾아오는 겨울, 다른 계절과 달리 겨울에는 신선한 채소를 먹을 수 없었어요. 그래서 사람들은 소금에 채소를 절인 장아찌와 배추를 절인 김치를 만들었어요. 김치는 본래 오이, 무 등 채소를 소금물에 절인 음식이었어요. 왜란 이후에 고추가 전래되면서 오늘날과 같은 매운 김치를 만들어 먹게 되었답니다. 이 밖에도 조선 시대 사람들은 고추장, 된장, 청국장, 간장 등 장류를 만들어 두었다가 영양소를 보충했지요. 특히 동지에는 팥죽을 먹으면 악귀를 쫓을 수 있다고 믿었답니다.

초가집

간도와 독도는 우리 땅이다

간도로 많은 사람이 이주하다

오늘날 중국 지린 성의 동남 지역, 특히 두만강 북부의 만주 지역을 가리키는 간도는 본래 옥저의 땅이었어요. 그 뒤 고구려가 옥저를 차지하면서 고구려의 땅이 되었고, 고구려가 멸망한 뒤에는 발해의 영토가 되었지요. 그 뒤 고려 시대부터 조선 시대 전반기에 여진이 간도 지역에 흩어져 살았지요. 그래서 여진이 세운 청나라의 태조는 간도 지역을 여진의 발상지로 여겨 '봉금 지역'으로 정하고 이 지역에서 사람들이 살지 못하도록 막았어요.

그렇지만 조선 사람들이 자주 이 지역으로 들어갔고, 청나라 사람들과 다투었어요. 이에 청나라가 조선에게 국경을 정하자고 요구했어요. 1712년 숙종 때, 조선의 관리와 청나라 국경 조사단은 함께 간도 지역을 조사하고 '조선과 청나라의 국경은 압록강과 토문강을 경계로 한다.'는 내용을 새긴 정계비(경계를 정하는 비)를 백두산에 세웠답니다.

그런데 정계비의 내용을 놓고 지금까지도 우리나라와 중국은 서로 다른 주장을 하고 있어요. 바로 토문강의 위치 때문이에요. 중국에서는 토문강이 두만강이라고 주장하고 있지만, 사실 토문강은 백두산의 천지에서 발원하여 북쪽으로 흐르는 쑹화 강의 한 지류예요. 이곳이 비석에 기록된 토문강이라는 사실을 중국이 인정하면 우리의 영토는 훨씬 북쪽으로 넓어지게 된답니다.

정계비의 내용에 따라 1800년대 후반에 많은 조선 사람들이 두만강을 건너 간도 지역으로 옮겨 가 토지를 개간하고 농사를 지었어요. 그런데 1909년 이미 우리나라의 외교권을 빼앗아 간 일본이 대륙 침략의 발판을 만들기 위해 청나라와 간도 협약을 맺어 간도가 청나라의 땅이라고 인정했어요. 그렇지만 간도 협약은 우리의 뜻과 상관없이 일본과 청나라가 맺은 불법적인 협약이에요. 따라서 앞으로 우리는 토문강에 대한 연구와 함께 간도 지역을 되찾기 위한 여러 노력들을 기울여야 하겠지요?

독도는 오래 전부터 우리 땅이다

독도는 울릉도와 함께 삼국 시대 이래로 우리의 영토였어요. 고려 시대에 편찬된 〈삼국사기〉에 따르면 신라 지증왕 때 이사부가 현재의 울릉도와 독도 일대에 있었던 우산국을 정복해 신라의 영토로 만들었다고 해요. 또 〈고려사〉에는 우산국 사람들이 고려에 토산물을 바쳤다고 기록되어 있고, 조선 시대의 〈세종실록지리지〉, 〈신증동국여지승람〉에서도 독도가 우리 땅임을 확인할 수 있지요. 그리고 일본의 여러 옛 지도에도 독도가 우리나라의 땅이라고 표시되어 있어요.

그렇다면 일본이 독도를 자기네 땅이라고 우기는 근거와 이유는 무엇일까요? 그 근거는 일본이 1905년 2월에 발표한 시마네 현 고시 제40호예요. 이것은 독도가 주인이 없는 땅이므로 시마네 현에 속한 섬으로 편입시킨다는 내용이에요. 하지만 독도에 사람이 살지 않았다고 해서 주인이 없는 땅이라고 할 수는 없어요. 독도가 우리 영토라는 것은 여러 기록이나 옛 지도들을 통해 역사적으로 입증되었기 때문이지요.

이후 일본의 일부 정치인들은 심심치 않게 독도가 자기네 영토라는 망언을 하는가 하면, 일본 교과서에 독도를 '다케시마'라고 표시하여 역사를 왜곡하고 있어요.

일본이 독도를 자기네 영토로 만들려는 이유는 무엇일까요? 바로 영해 때문이에요. 한 나라의 국토는 영토, 영해, 영공으로 이루어져 있어요. 독도가 일본의 영토가 된다는 것은 곧 독도 근처에 있는 바다와 그 하늘까지도 일본이 가져간다는 것이지요. 독도 근처의 바다는 많은 물고기가 잡히는 황금 어장이에요. 그뿐만 아니라 천연가스를 포함한 많은 자원이 묻혀 있어요. 만약 독도가 일본의 영토가 된다면 우리나라는 이 모든 것을 빼앗기게 되는 것이랍니다.

인물 이야기
울릉도와 독도의 수호자, 안용복

안용복은 경상도 동래 지역에 살던 어부였어요. 안용복은 1693년 울릉도에서 고기잡이를 하던 중 일본 어민이 침입하자 이를 막으려다가 일본으로 끌려갔어요. 그러나 일본에 끌려간 그는 매우 당당하게 울릉도가 우리 영토임을 밝혔지요. 그 뒤로도 일본 사람들이 울릉도와 독도를 침범하자, 안용복은 일본인들을 끝까지 쫓아가 꾸짖었어요. 또 일본까지 들어가 사과를 받았지요. 결국 1697년에 일본은 울릉도와 독도가 조선의 영토임을 문서로 확인해 주었답니다. 안용복의 활약으로 울릉도와 독도를 지킬 수 있었지요.

탕평 정치를 실시하다

영조 어진

세자를 죽이는 비극이 일어나다

영조는 아들 사도 세자를 매우 사랑했어요. 사도 세자는 3살 때 이미 영조와 대신들 앞에서 〈효경〉을 줄줄 외웠고, 7살 때 〈동몽선습〉을 떼 영조의 사랑을 독차지했지요. 하지만 영조는 그토록 사랑한 아들을 뒤주에 가두어 죽였어요. 왜 그랬을까요?

사도 세자의 부인이었던 혜경궁 홍씨는 이 일을 〈한중록〉에 기록해 놓았어요. 이 책에 따르면 사도 세자는 어머니가 아닌 궁녀들의 손에서 자라 품성이 소심하고 결단력이 없었다고 해요. 세자의 나이 15살에 영조가 정치를 맡겼지만 세자는 놀이만 즐겼답니다. 성격이 불같았던 영조는 사도 세자를 자주 혼냈고, 사도 세자는 더욱 이상해졌지요. 심지어 '의대증'이라는 병에 걸려 스스로 옷을 입고 벗지도 못했다고 해요. 결국 영조는 방탕한 생활을 하고, 정신병이 심했던 사도 세자를 뒤주에 가두어 죽이고 말았다고 전하지요.

하지만 다른 한편에서는 사도 세자가 붕당 정치에 휘말려 억울하게 죽었다는 주장도 있어요. 붕당 정치는 선조 때 사림파가 권력을 잡은 뒤 시작되었어요. 붕당 정치는 처음에는 붕당이 달라도 서로를 인정하면서 서로의 철학이나 정책을 비판하고 경쟁하는 성격을 띠었어요. 하지만 점점 권력을 독차지하기 위한 치열한 싸움으로 바뀌었지요.

영조가 탕평 정치를 펼치다

붕당 간 다툼은 관리를 추천하는 인사권을 두고 사림파가 동인과 서인으로 나뉜 것에서부터 시작되었어요. 그 뒤 정여립의 모반 사건을 계기로 동인을 무자비하게 죽인 정철과 서인에 대한 처벌을 둘러싸고 동인이 온건파와 강경파로 갈려 북인과 남인이 등장했어요.

광해군 때 세력을 잡았던 북인이 광해군이 쫓겨나면서 몰락했고, 그 뒤 남인과 서인이 권력을 두고 다툼을 벌였어요. 숙종 때에는 남인과 서인이 치열하게 다투다가 남인이 쫓겨나게 되었답니다. 이 과정에서 남인에 대한 처벌을 놓고 서인이 노론과 소론으로 나뉘었어요. 영조가 왕위에 올랐을 때에는 노론이 정권을 잡고 있을 때였지요.

영조는 노론과 소론의 다툼을 막기 위해 '탕평책'을 폈어요. 탕평이란 '탕탕평평(蕩蕩平平)'의 줄임말로, 치우친 것을 바로잡아 고르게 한다는 뜻이지요. 즉 인재를 등용할 때 어느 당이냐를 따지는 것이 아니라 능력을 보고 뽑겠다는 것이었어요. 영조는 그동안 등용되지 못했던 소론 쪽의 인물들에게 벼슬을 주었어요. 하지만 노론 세력의 반대로 영조의 탕평책은 효과를 보지 못했어요. 그런데 영조의 뒤를 이어 왕이 될 사도 세자는 소론이나 남인과 친하게 지내면서 노론을 멀리 했어요. 바로 이것이 노론을 불안하게 만들었어요. 그래서 노론은 사도 세자를 없앨 궁리를 했답니다.

탕평비
영조가 탕평의 의지를 널리 알리기 위해 성균관 앞에 세운 비석이에요.

권력 다툼에 사도 세자가 희생되다

노론은 사도 세자가 저지른 잘못들을 적은 기록을 영조에게 보여 주었어요. 세자가 함부로 궁녀를 살해하고, 국왕의 허락 없이 몰래 왕궁을 빠져나갔다는 등 열 가지 조목이었지요. 영조는 너무나 화가 나서 세자를 불러 자결할 것을 명령했어요. 세자가 말을 듣지 않자 영조는 세자를 뒤주에 가두었지요. 뒤주를 동아줄로 단단히 묶고 직접 못질까지 했어요.

결국 사도 세자는 8일 만에 굶어 죽고 말았지요. 영조는 세자가 죽자 곧 자신의 행동을 후회했어요. 영조는 눈물을 흘리며 애도한다는 의미에서 죽은 아들에게 '사도'라는 호칭을 내렸지요.

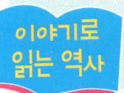

희빈 장씨를 빗댄 김만중의 〈사씨남정기〉

〈사씨남정기〉는 김만중이 지은 한글 소설이에요. 주인공 유연수는 어질고 현명한 사씨를 아내로 맞아 단란하게 살고 있었어요. 그런데 사씨가 아기를 낳지 못하자, 교씨라는 여자를 들여 아들을 낳았어요. 교씨는 아들을 낳자 사씨를 쫓아냈어요. 쫓겨난 사씨는 남쪽 지방으로 떠돌아다녔지요. 이후 유연수는 교씨의 간악함을 알게 되었어요. 그래서 교씨를 쫓아버리고 다시 사씨를 맞아들여 화목하게 산다는 내용이지요.

이 이야기는 숙종 때 인현 왕후를 쫓아내고 희빈 장씨를 왕비로 맞아들인 숙종의 마음을 바로잡으려고 지은 것이랍니다. 한편 희빈 장씨는 당시 남인의 지지를 받았고, 인현 왕후는 서인 집안의 딸이었지요. 두 여인의 대립도 붕당 간 다툼으로 더 치열했던 것이었어요.

정조, 수원 화성을 건설하다

정조가 아버지의 명예 회복에 나서다

1796년 경기도 수원에 우리나라에서 가장 뛰어난 성곽인 화성이 완공되었어요. 정조는 왜 수원에 새로운 성곽을 세웠을까요?

정조는 25살에 영조의 뒤를 이어 왕위에 오르면서 그동안 왕권까지 위협했던 노론 세력을 몰아내겠다는 큰 결심을 했지요. 그리고 안타깝게 죽은 아버지(사도 세자)의 명예를 회복하려고 했어요. 그래야 왕으로서 자신의 권위도 설 수 있다고 생각했기 때문이에요.

정조는 우선 왕권을 바로 세우려고 규장각을 설치하여 당파에 물들지 않은 새로운 인재를 등용하고, 왕이 직접 명령을 내리는 장용영이라는 친위 군대를 설치했어요. 그리고 시전 상인들이 누리고 있던 특권을 폐지했으며, 서얼도 관직에 오를 수 있도록 했지요. 아예 노비 제도를 폐지하려고도 했답니다.

규장각은 왕실의 도서관으로 학문을 연구하는 곳이었지요.

창덕궁 후원에 있는 규장각 건물

수원으로 천도를 계획하다

정조는 도읍지를 옮기려는 계획을 세웠어요. 한양은 노론의 본거지였기 때문이에요. 정조는 도읍지를 옮겨 왕권을 강화하고 새로운 경제 도시를 만들고자 했어요. 이에 적합한 곳으로 수원을 점찍었어요. 하지만 도읍지를 옮기기란 쉽지 않은 일이었어요. 노론 세력이 크게 반발할 것이 뻔했기 때문이지요. 그래서 정조는 계획을 세워 천천히 도읍지를 옮기고자 했어요.

1789년에 정조는 사도 세자의 능을 수원으로 옮기고, 능의 이름을 영우원에서 현륭원으로 바꿨어요. 그리고 아버지의 묘를 돌본다는 이유로 자주 수원을 찾았어요. 수원으로 행차할 때마다 정조는 백성들의 어려움을 현장에서 직접 들었어요. 상언이라 하여 백성이 직접 왕에게 글을 올릴 수 있었고, 격쟁이라 하여 원통한 일이 있는 사람은 정조가 수원으로 행차할 때를 기다리고 있다가 징이나 꽹과리를 쳐서 직접 하소연할 수도 있었지요. 이런 방법으로 정조는 백성들의 어려움과 고통을 그들의 목소리로 생생하게 들을 수 있었답니다.

시흥환어행렬도 정조가 어머니를 모시고 수원 화성에 갔다가 돌아오는 행렬을 그린 그림이에요.

수원에 화성을 건설하다

수원은 풍수지리상 최고의 명당이며 군사적으로도 중요한 요충지였어요. 정조는 이곳에 한양의 부자들을 이주시켜 한양에 버금가는 상업 도시로 만들고자 했지요. 이를 위해 수원에 화성을 건설한 것이랍니다.

화성 건설 작업은 1794년에 시작되어 약 2년 후인 1796년에 끝이 났어요. 기술자 1,820명이 투입되고, 벽돌 69만 5,000여 장이 사용되었지요. 엄청난 규모의 성을 이처럼 짧은 기간에 완성할 수 있었던 것은 정약용이 설계한 거중기를 이용했기 때문이에요. 거중기란 도르래의 원리를 이용한 기구인데, 무거운 물체를 적은 힘으로 들어 올릴 수 있도록 고안된 것이었어요. 또 공사에 동원된 백성들에게는 품삯을 주어 열심히 일하도록 만들었지요.

건설된 화성을 보고 신하들이 "왜 목숨을 걸고 적과 싸워야 하는 성을 험악하게 짓지 않고 아름답게 짓습니까?"라고 하자, 정조는 "어리석은 신하들아, 아름다움이 적을 이기느니라."고 대답했다고 해요. 화성의 과학성과 아름다움은 오늘날 세계에서도 인정받아 1997년에 유네스코 세계 문화유산으로 등록되었어요.

하지만 정조는 자신의 꿈을 실현하지 못하고 1800년, 49살의 나이로 갑작스럽게 세상을 떠났어요. 노론이 정조를 독살했다는 소문도 나돌았지요. 정조의 여러 개혁들은 안타깝게도 결실을 맺지 못했고, 모든 권력은 다시 사도 세자를 모함했던 노론의 손에 넘어가게 되었답니다.

백성을 구제할 실학을 연구하다

실제 도움이 되는 학문을 찾다

실학은 '실제의 일에서 옳은 것을 구하는 학문'이라는 뜻이지요. 학자들이 실학을 연구한 까닭은 실생활에 보탬이 되는 학문으로 백성들을 편히 살게 하고, 잘못된 부분을 고쳐 나라를 튼튼히 하기 위해서였어요.

실학은 1600년대 초, 서양 학문에 관심을 보인 이수광, 김육 등에 의해 싹이 트기 시작해서 1800년대 초 정약용 등에 의해 크게 발전했어요. 실학자는 관심을 보인 분야와 주장에 따라 크게 두 부류로 나뉘지요. 바로 토지 제도 개혁과 농민들의 생활 안정에 관심을 둔 중농학파와 상공업을 발전시켜야 한다고 주장한 중상학파랍니다.

중농학파 실학자들 중에는 시골에서 지내는 사람이 많았어요. 이들은 백성들의 궁핍한 생활과 고통을 몸소 겪었지요. 그래서 농사짓는 백성들에게 가장 필요한 것은 토지라고 생각하여 토지를 백성들에게 골고루 나누어 주자고 주장했어요.

중상학파 실학자 중 많은 사람들은 서울에 살면서 청나라에 드나들기도 했어요. 이들은 오랑캐라고 업신여기던 청나라의 발달된 학문과 과학 기술을 직접 보고 왔지요. 중상학파 실학자들은 조선도 상공업을 발전시키면 청나라처럼 부강해지고 백성들의 생활이 더 나아질 수 있다고 생각했어요. 북쪽에 있는 청나라에서 배운다고 하여 이들을 '북학파'라고도 한답니다.

실학자들이 사회 개혁을 위해 다양한 주장을 펴다

　실학자들이 꿈꾸는 나라는 어떤 모습일까요? 실학자들은 나라 운영이 국왕 중심으로 이루어져야 한다고 주장했어요. 당시는 노론이 권력을 차지하고 있었는데, 실학자들은 국왕에게 강력한 권력이 있어야 나라를 개혁할 수 있다고 생각했지요.

　실학자들은 농사짓는 농민들이 토지를 갖지 못한 데서 모든 사회 문제가 생긴다고 생각했어요. 그래서 유형원은 모든 땅을 관리, 선비, 농민에게 차등을 두어 지급하자고 했지요. 이익은 한 사람이 토지를 너무 많이 차지하지 못하게 하고, 각 가정에서 먹고살기 위해 농사지어야 할 가장 작은 면적의 토지는 팔 수 없도록 하자고 했어요. 그리고 정약용은 개인이 땅을 소유하는 것이 아니라 공동으로 농사를 짓고, 수확한 생산물은 일한 만큼 나누어 갖자고 주장했답니다.

　이 밖에 실학자들은 신분 차별을 없애자고 했으며, 양반의 특권을 없애고 양반도 생업에 종사할 것을 주장했어요. 또 노비 신분의 세습에도 반대했지요. 실학자들은 신분에 관계없이 누구나 교육을 받을 수 있고, 자유롭게 자신의 능력을 발휘하고 관직에도 나갈 수 있는 그런 사회를 바랐답니다.

　그러나 아쉽게도 실학자들의 이러한 주장은 나라의 정책을 만드는 데 받아들여지지 않았어요. 중농학파 실학자 중에는 몰락한 남인 출신이 많아서 정책을 바꿀 만

이익

한 정치적 힘이 없었지요. 중상학파 실학자들 중에는 권력을 잡고 있는 노론 출신이 많기는 했지만, 청나라를 오랑캐라고 무시해 온 당시 사회에서 청나라의 문물을 배워야 한다는 그들의 주장이 인정받기는 어려웠어요. 하지만 실학자들의 생각은 1800년대 후반 개화를 주장한 사람들에게 이어져 조선을 근대화하는 데 큰 영향을 미쳤지요.

인물 이야기: 정약용과 그 형제들

정약용

뛰어난 중농학파 실학자 정약용은 정조가 가장 아끼던 신하였어요. 그리고 그의 형제들도 매우 뛰어난 학자들이었어요. 이들이 살던 시기에 새로운 종교인 천주교가 전래되었어요. 새로운 이념과 사상에 대한 호기심이 많았던 정약용과 그 형제들은 새로운 종교를 연구했지요. 하지만 정조가 죽고 나서 천주교를 믿는다는 이유로 탄압을 받아 정약용의 형 정약종은 죽음을 맞았고, 정약전은 흑산도로, 정약용은 강진으로 귀양을 갔어요.

정약용은 강진에 있는 18년 동안 〈목민심서〉를 포함한 무려 500여 권의 책을 저술하면서 실학을 집대성했답니다. 그리고 정약전은 흑산도에서 그 지역에 사는 물고기를 연구한 〈자산어보〉를 썼어요.

새로운 시대를 바랐던 형제들은 비운의 삶을 살았지만, 조선을 개혁하는 데 앞장선 선각자였답니다.

조선 시대

서민 문화가 발달하다

조선 후기에는 농업 생산량이 크게 늘어나고 상업이 발달하면서 경제적으로 여유 있는 서민들이 많아졌어요. 그래서 서민들도 문화와 예술에 관심을 갖게 되었고, 서민을 중심으로 한 문화가 발달했어요. 이것을 서민 문화라고 해요.

대표적인 서민 문화로 한글 소설, 판소리 등을 꼽을 수 있어요. 한글 소설은 대부분 이름이 알려지지 않은 작가들이 서민의 생활 모습이나 감정을 솔직하게 담아 쓴 이야기책이었어요. 한글 소설 중에는 당시 사회에 대한 문제점을 소재로 삼은 것들도 있었어요. 〈홍길동전〉, 〈춘향전〉 등은 인기 있는 대표적인 한글 소설이었지요.

봉산 탈춤

많은 사람들이 함께 즐긴 판소리는 하나의 이야기를 노래와 설명, 몸짓으로 재미있게 표현한 예술 분야랍니다. 현재 〈춘향가〉, 〈심청가〉, 〈흥보가〉, 〈적벽가〉, 〈수궁가〉 이렇게 다섯 마당이 전해지고 있어요. 그리고 서민들 사이에 탈춤도 유행했지요. 탈춤은 배우들이 다른 인물이나 동물의 탈을 쓰고 나와 춤과 소리를 내는 일종의 연극이에요. 탈춤은 지역에 따라 소재와 내용이 달랐는데, 서민들의 어려운 삶을 표현하거나 양반의 잘못을 꾸짖고 조롱하는 내용도 있었어요.

한편 그림에서도 큰 변화가 나타났어요. 민화와 풍속화가 유행했지요. 민화는 주로 일상생활에서 볼 수 있는 해와 달이나 까치, 호랑이, 물고기 등 동물들을 소재로 그린 그림이에요. 사람들은 이런 그림을 그려 장수와 성공 그리고 복을 기원했지요. 풍속화는 사람들의 생활 모습을 재미있고 실감나게 표현한 그림이에요. 풍속화를 잘 그린 대표적인 화가가 김홍도와 신윤복이었어요. 김홍도는 〈서당〉, 〈씨름〉과 같은 그림을 그려 소탈하고 익살스런 서민들의 모습을 표현했지요. 그리고 신윤복은 〈단오풍정〉, 〈그네 타는 여인들〉과 같이 주로 기생이나 양반들을 주인공으로 삼은 그림을 그렸어요.

풍속화에서 당시 사람들의 생활 모습을 볼 수 있어요.

까치와 호랑이

서당(김홍도)

그네 타는 여인들(신윤복)

세도 정치가 나라의 기강을 무너뜨리다

외척이 권력을 차지하다

1800년 정조가 젊은 나이에 갑작스럽게 세상을 떠나자 그 뒤를 이어 11살이었던 순조가 왕위에 올랐지요. 하지만 순조가 너무 어렸기 때문에 증조할머니(영조의 왕비)였던 정순 왕후가 한동안 왕을 대신해 나랏일을 보았지요.

그 뒤에는 순조의 장인인 김조순이 대신 나랏일을 처리했어요. 이때부터 헌종, 철종에 걸쳐 60여 년간 왕실과 혼인 관계에 있던 몇몇 가문이 왕의 장인 또는 왕의 외할아버지로서 나랏일을 좌지우지했지요. 이 과정에서 실제 권력은 모두 왕의 어머니 쪽 친척인 외척의 차지가 되었어요. 이때의 정치 상황을 '세도 정치'라고 해요. 당시 대표적인 세도 가문이 안동 김씨, 풍양 조씨 등이었지요.

순조 때의 세도가 김조순

순조 다음 왕인 헌종 때에는 헌종의 외가였던 풍양 조씨 가문이 세도를 부렸어요. 그리고 헌종이 아들 없이 죽자, 안동 김씨 가문은 역모에 휘말려 강화도에 살고 있던 영조의 고손자(손자의 손자)인 철종을 찾아내 왕의 자리에 앉혔어요. 철종은 왕족이었지만 글도 배우지 못하고 농사만 짓던 사람이었어요. 안동 김씨 가문이 권력을 독차지하는 데 안성맞춤인 인물이었지요.

세도 정치의 폐해가 쌓이다

세도 정치는 붕당 정치보다 더한 폐해를 낳았어요. 세도 정치가 이루어지면서 과거 제도가 엉망이 되었답니다. 조선 시대에 관리가 되려면 과거 시험에 합격해야 했지요. 그런데 세도 가문의 사람들은 과거 시험에서 온갖 부정행위를 저질렀어요. 심지어 미리 써놓은 답안지를 내어 합격하기도 했고, 합격자를 미리 정해 놓기도 했지요. 중요한 벼슬자리는 당연히 세도 가문 사람들이 독차지했어요. 이렇게 관리가 된 사람들은 자기 자신과 가문의 욕심만을 채우려고 했답니다.

세도 정치 아래에서 나라의 기강은 무너졌고, 관리의 부정부패는 점점 심해졌어요. 얼마나 부정부패가 심했던지 세도 가문에 뇌물을 주면 관직도 살 수 있었어요. 뇌물을 주고 관직을 얻은 관리는 들인 돈을 되찾고 이익을 얻으려고 자신이 다스리는 백성들을 가혹하게 수탈했지요. 이런 관리를 탐관오리라고 해요.

탐관오리는 온갖 방법을 이용해 백성들에게서 세금을 뜯어내 자신의 재산을 불렸어요. 없는 세금도 만들어서 내도록 강요했고, 성인 남자에게만 받아야 하는 군포를 어린아이나 죽은 사람까지 징수 대상으로 삼아 받아냈어요.

어사모
과거 시험에 합격한 사람들이 쓰던 모자예요.

〈평생도〉 중 소과 응시장
과거 시험을 보는 모습을 그린 풍속화예요.

군포는 군역(군대를 가거나 군대에서 일하는 것)에 나가지 않는 대신에 부담하는 세금을 말해요. 원칙적으로 베를 냈기 때문에 군포라고 불렀어요.

또 빌려 주지도 않은 환곡의 이자를 받기도 했답니다. 환곡은 나라에서 곡식이 떨어진 춘궁기인 봄에 백성들에게 곡식을 빌려 주었다가 가을에 이자를 붙여서 받는 제도였지요. 군포 징수, 환곡 그리고 농토에 부과하는 전세를 받는 세금 행정을 합해 삼정이라고 해요.

세도가와 관리들의 부정부패로 삼정이 제대로 운영되지 않았기 때문에 백성들은 엄청난 고통을 받았어요. 더는 참을 수 없었던 농민들은 곳곳에서 난을 일으켰어요. 그리하여 세도 정치 기간에는 전국에서 민란이 끊이지 않았답니다.

궁금해요! 백골징포, 황구첨정

조선 시대에 16~60세의 남자는 군역 의무가 있었어요. 하지만 임진왜란 이후에 사람들은 군대에 가지 않고 대신 포를 내는 경우가 많았지요. 나라에서는 사람들을 모아 군인으로 삼고, 그 대가로 백성들에게서 거둔 포를 지급했어요.

하지만 세금 제도가 제대로 운영되지 않으면서 여러 가지 문제가 생겨났어요. 대표적인 것이 백골징포와 황구첨정이지요. 백골징포란 백골, 즉 죽은 사람에게 포를 징수함을 말해요. 그리고 황구첨정은 16세가 되지 않은 어린아이를 세금 장부에 올리고 군포를 걷는 것을 말하지요. 이미 이 세상에 없는 사람과 어린아이에게까지 군포를 바치게 했다니 당시 백성들이 얼마나 힘들었을지 짐작할 수 있어요.

조선 시대

천주교가 박해를 받다

천주교(가톨릭교)는 중국을 오가던 사신들이 서양의 학문과 기술에 관한 책을 얻어 오면서 조선에 알려졌어요. 처음에 천주교는 종교가 아닌 서양의 학문으로 소개되었지요.

1783년에 이승훈이 베이징에 가서 서양인 신부에게서 세례를 받아 우리나라 사람으로는 처음으로 천주교 신자가 되었어요. 이승훈은 조선에 돌아와 교회를 세우고 전도를 시작했지요. 순조가 즉위한 뒤 세도 정치가 나타나면서 백성들의 삶은 매우 힘들어졌어요. 그런데 천주교에서는 하느님을 믿으면 구원을 받아 천국에서 영생을 누릴 수 있고, 모든 사람이 평등하다고 했어요. 그래서 천주교를 믿는 사람들이 점점 늘어났지요.

우리나라 최초의 신부인 김대건

천주교에서는 제사를 우상 숭배라고 하여 거부했는데, 조상을 공경하여 제사 지내는 것을 중요하게 생각했던 조선에서는 도저히 받아들일 수 없는 일이었지요. 또 모든 사람이 평등하다는 사상 역시 조선의 신분제를 뒤흔드는 것이었어요. 이런 이유로 나라에서는 천주교를 금지하고 탄압했어요. 1866년에는 조선 정부가 국내에 들어와 있던 9명의 프랑스 신부와 8,000여 명의 천주교 신자를 처형했지요. 이 사건을 '병인박해'라고 하는데, 우리나라에서 일어난 최대 규모의 천주교 탄압이었어요.

농민 봉기가 일어나다

홍경래가 난을 일으키다

세도 정치 기간 동안 거듭된 흉년과 탐관오리의 수탈로 고통을 받고 있던 백성들은 더는 참을 수 없어 봉기를 일으켰지요. 그중 대표적인 것이 평안도에서 일어난 홍경래의 난이었어요.

홍경래는 몰락한 양반으로, 과거를 여러 번 보았지만 번번이 낙방했어요. 평안도 출신이라는 이유 때문이었지요. 나라에서는 평안도 출신의 사람들을 멸시하고 천대해 관리로 뽑지도 않았고, 양반이라도 제대로 대접받지 못했답니다.

당시 평안도 지역은 청나라와 가까워 상업이 크게 발달해 부를 쌓은 상인들이 많았고, 광산촌에는 토지를 잃은 농민들이 많이 모여들고 있었어요. 나라의 차별 대우와 수탈이 계속되자 홍경래는 고통을 받고 있던 농민, 상인, 광산 노동자들을 모아 10년 동안 준비하여 1811년에 평안도 가산군 다복동에서 난을 일으켰어요. 그리고 "평안도는 단군 조선의 옛터로 문물이 일어난 곳이다. 그런데 조정은 이 땅을 천시하니 어찌 억울하지 않겠는가. 지금 나이 어린 임금 아래에서 권세 있는 간신배들이 국가의 권력을 가지고 나라를 어지럽히니 백성들의 삶이 거의 죽음에 이르렀다."라고 봉기의 이유를 밝혔어요. 홍경래와 그의 군대는 파죽지세로 정주, 박천, 철산, 용천 등 평안도의 여러 고을을 점령했지요. 그리고 창고를 열어 곡식과 돈을 백성들에게 나누어 주었어요.

1장 **조선 시대**

정주에서 관군과 홍경래의 군대가 대치하고 있는 장면을 그린 〈순무영진도〉예요.

전국에서 봉기가 일어나다

정부는 봉기가 일어난 지 나흘이 지나서야 이 사실을 알고 크게 당황했어요. 그러나 점차 준비를 갖추어 봉기를 진압하기 시작했지요. 평안도에 도착한 정부의 군대가 봉기를 진압해 나가자, 홍경래가 이끄는 농민군과 백성들은 정주성으로 들어가 계속 정부군에 맞서 싸웠어요. 4개월이 지나도록 성을 함락시키지 못해 다급해진 정부군은 정주성의 성벽 밑에 땅굴을 파고 화약을 파묻어 성벽을 폭파시켰지요. 봉기를 주도했던 홍경래는 총탄에 맞아 목숨을 잃었어요.

홍경래의 봉기는 이렇게 실패로 끝이 났지만, 홍경래가 죽지 않고 살아 있다는 소문이 널리 퍼졌어요. 자신이 홍경래라고 말하는 무리가 전국 곳곳에서 난을 일으키기도 했어요. 홍경래의 의지는 백성들의 마음속에 오랫동안 살아 있었던 것이지요.

홍경래의 난이 일어난 지 50여 년이 지난 뒤에도 농민들의 생활은 조금도 나아지지 않았어요. 오히려 더욱 비참해졌지요. 특히 진주의 농민들은 그동안 탐관오리에게 괴롭힘을 많이 당했어요. 진주 목사 홍병원은 자기가 떼어먹은 4만여 석의 환곡을 농민들에게 강제로 거두었어요. 또 경상 우도 병마절도사 백낙신도 장부에만 남아 있던 병영의 환곡 6만 냥을 강제로 거두려고 했어요.

탐관오리의 수탈을 더는 참을 수 없었던 진주의 농민들은 1862년, 환곡 문제를 바로잡아 달라고 요구하며 봉기를 일으켰어요. 진주에서 시작된 봉기는 경상도, 전라도, 충청도로 퍼졌고, 남쪽의 제주도에서 북쪽의 함흥에 이르는 전국으로 퍼졌어요. 이때를 임술 농민 봉기라고 해요.

나라에서 세금 문제를 해결하겠다고 약속하고 부정한 관리들을 파면하면서 농민 봉기는 점차 수그러들었어요. 이 사건을 계기로 농민들의 의식은 크게 성장했고, 이러한 의식 성장은 뒤에 일어난 동학 농민 운동의 밑거름이 되었답니다.

궁금해요! 정씨 성이 세상을 구원한다고?

조선 시대 중반 이후 백성들 사이에 이상한 소문이 퍼졌어요. 이씨가 한양에 세운 조선이 곧 망하고, 정씨 성을 가진 진인이 나타나 계룡산에 세운 나라가 흥할 것이라는 내용이었지요. 이 소문은 〈정감록〉이란 예언서에서 나온 것이었어요.

사회가 불안하면 근거 없는 소문이나 예언이 떠돌기 마련인데, 〈정감록〉도 이러한 상황에서 나왔어요. 탐관오리에게 시달리며 나라에 실망한 백성들은 〈정감록〉의 내용을 믿고 싶어 했지요. 홍경래도 난을 일으켰을 때 진인을 기다린다고 했어요.

그런데 재미있는 사실은 〈정감록〉이 오늘날에도 영향을 미치고 있다는 점이에요. 최근 각종 선거에서도 정씨 성을 가진 후보가 나타나면 〈정감록〉의 이야기가 등장한답니다.

서학에 맞서 동학이 일어나다

세도 정치로 인한 사회 혼란 속에서 유교와 불교는 제구실을 다하지 못했어요. 그 자리를 서양에서 들어온 천주교가 점차 파고들었어요. 하지만 천주교는 조상에게 제사 지내는 것을 인정하지 않았기 때문에 우리나라의 고유 풍속을 해치는 존재로 생각하는 사람들이 많았어요.

이러한 분위기 속에서 1860년 경주 지역의 몰락 양반이었던 최제우가 동학을 일으켰어요. 동학은 유교, 불교 그리고 도교의 신선 사상 등을 바탕으로 한 종교예요. 당시 조선에서는 천주교를 서학이라고 했는데, 동학이라는 이름은 서학에 대항하여 동쪽 나라인 우리나라의 도를 일으킨다는 뜻을 담은 것이었어요.

동학에서는 모든 사람이 평등하다는 시천주 사상과 사람이 곧 하늘이라는 인내천 사상을 교리로 내세웠어요. 이에 따라 양반과 상민을 차별하지 말 것, 노비 제도를 없앨 것, 여성과 어린이를 존중할 것 등을 주장했지요.

최제우가 깨달음을 얻었다는 동학의 성지(울산)

조선 정부는 왜 최제우를 죽이고 동학을 탄압했어요?

동학이 모든 인간은 평등하다고 했기 때문이지. 신분 질서 유지가 중요했던 지배층 입장에서 동학은 사회 질서를 혼란스럽게 하는 종교였던 거야.

동학은 당시 탐관오리의 수탈이 극심했던 충청도, 전라도, 경상도 지역에서 빠른 속도로 퍼져 나갔어요. 백성들은 동학을 통해 위안을 얻으며 새로운 세상을 꿈꾸었답니다. 그러나 동학의 세력이 커지자 나라에서는 동학을 위험한 종교로 여겨 최제우에게 혹세무민하였다는 죄를 씌워 처형했지요. '혹세무민'은 세상을 어지럽히고 사람들을 속인다는 말이에요.

　최제우의 뒤를 이어 제2대 교주가 된 최시형은 동학을 널리 퍼뜨리는 데 더욱 힘썼어요. 한문으로 쓴 〈동경대전〉과 일반 사람들을 위해 한글 가사체로 쓴 〈용담유사〉라는 경전도 만들었지요. 이로써 동학의 체계적인 교리가 만들어졌고, 동학의 세력은 강원도와 경기도 일대까지도 퍼져 나갔어요.

궁금해요! 동학에서 발전한 천도교

　1898년 동학의 2대 교주였던 최시형이 처형된 후 그 자리를 손병희가 이어받았어요. 당시 일본이 우리나라를 침략해 우리 민족에 대한 탄압과 회유를 확대하고 있었지요. 이때 일부 동학교인들이 일본의 지배에 협조했어요. 그러자 손병희는 종교가 정치에 물들어서는 안 된다며 종교로서의 동학을 강조했어요. 그리고 1905년 동학의 명칭을 천도교로 바꾸고 교단을 새롭게 정비했어요.

　이후 천도교는 3·1 운동에 적극적으로 참여했으며, 〈개벽〉이라는 잡지를 창간해 천도교 교리를 바탕으로 사람들을 깨우치는 데 힘썼어요. 그리고 근대적인 문물을 받아들이는 데도 앞장섰지요. 광복 후에는 최시형과 손병희의 설교를 담은 경전이 발간되었어요.

이하응이 왕권을 강화하다

이하응이 때를 기다리다

안동 김씨 가문이 한창 세도를 떨치고 있을 때, 왕족인 이하응은 온갖 비웃음과 멸시를 받고 있었어요. 안동 김씨 가문은 자신들의 권력을 지키려고 총명하다고 소문이 난 왕족을 모함해 죽이기도 했기 때문에 왕족들은 안동 김씨 가문의 눈치를 보며 숨을 죽이고 살아야 했답니다.

이하응도 마찬가지였어요. 이하응은 살아남기 위해서 일부러 망나니로 행동했어요. 술에 취해 기생집을 드나들고, 상갓집에 가서 예의도 차리지 않고 음식을 먹어 치워 '상갓집 개'라는 별명까지 얻었답니다. 그래서 안동 김씨 가문은 이하응이 왕이 될 자격이 없다고 여겼지요.

흥선 대원군

그런데 1863년에 철종이 아들을 남기지 못하고 병으로 죽었어요. 그러자 당시 왕실에서 가장 어른이었던 대왕대비 조씨가 이하응의 둘째 아들 이명복이 왕위를 계승한다고 발표했어요. 이로 인해 안동 김씨 가문은 충격에 휩싸였지요. 풍양 조씨였던 대왕대비는 안동 김씨 가문이 권력을 제멋대로 휘두르는 것을 더는 두고 볼 수 없었기 때문에 이하응과 손을 잡은 것이었어요.

흥선 대원군이 집권하다

이명복이 왕위에 오르니 이 사람이 고종이고, 이하응이 흥선 대원군이에요. 고종은 12살 어린 나이였기 때문에 흥선 대원군이 나랏일을 맡았어요. 그리고 왕권을 강화하기 위한 개혁을 실시했어요.

주요 관직을 차지하고 있던 안동 김씨 가문의 사람들을 몰아내고, 능력에 따라 인재를 등용했어요. 흥선 대원군은 "나는 천 리를 끌어다 지척을 삼겠으며, 태산을 깎아 내려 평지를 만들고, 남대문을 3층으로 높이려 한다."고 발표했어요. 이는 천 리 밖으로 밀려난 왕실 인사들을 가까이하고, 태산과도 같은 안동 김씨 세력을 몰아내 정치에서 밀려났던 사람들을 관리로 뽑겠다는 뜻이었지요.

흥선 대원군은 왜 경복궁을 다시 지으려고 했어요?

경복궁은 조선 시대에 처음으로 세워진, 중요한 의미를 가진 궁궐이었단다. 임진왜란 때 불탄 것을 흥선 대원군이 다시 지었지.

경복궁은 왕실의 권위를 상징했단다. 경복궁이 없다는 것은 왕실의 권위가 그만큼 서지 못한다는 뜻이지.

홍선 대원군은 왕실의 권위를 회복하기 위해 임진왜란 때 불타 버린 경복궁을 다시 지었어요. 궁궐을 다시 짓기 위해서는 많은 노동력과 돈이 필요했지요. 수많은 백성들이 경복궁을 짓는 데 동원되었고, 원납전을 내야 했어요. 원납전은 본래 '스스로 원하여 내는 돈'이라는 뜻이었지만, 경복궁을 짓는 데 돈이 많이 들자 홍선 대원군은 백성들에게 강제로 돈을 거두었어요. 그래서 백성들은 원납전을 '원망하며 내는 돈'이라는 뜻으로 바꿔 불렀답니다.

　무리한 경복궁 재건축으로 나라의 살림은 매우 어려워졌어요. 그래서 상평통보보다 100배의 가치를 부여한 당백전이라는 동전까지 만들어 사용하게 했지만 오히려 경제 혼란만 더 커졌어요. 하지만 홍선 대원군은 왜란 후 200여 년 동안 버려져 있던 경복궁을 다시 지어 왕실의 위엄을 세울 수 있었어요.

흥선 대원군이 내정을 개혁하다

　흥선 대원군은 무너져 가는 조선을 살리기 위해서는 백성들의 생활을 안정시켜야 한다고 생각했어요. 그래서 그동안 탐관오리가 백성들을 수탈하는 데 이용한 환곡제를 개혁했어요. 흥선 대원군은 환곡제를 폐지하고, 마을 단위로 덕망 있는 사람을 뽑아 백성들이 스스로 빌려 주는 곡식을 관리하게 하는 사창제를 실시하도록 했어요. 그리고 군역 제도도 개혁해 평민들의 군포 부담을 줄여 주기 위해서 양반에게도 군포를 걷는 호포제를 실시했어요. 백성들은 호포제 실시를 환영했지만, 양반들의 불만은 컸답니다.

또 각 고을에서 농민들을 괴롭히는 부정한 양반 세력을 뿌리 뽑기 위해 지방 양반들의 근거지 구실을 하고 있던 서원을 전국적으로 47개소만 남기고 모두 없애 버렸어요. 이에 양반 유생들이 크게 반발했지요. 하지만 흥선 대원군은 꿈쩍도 하지 않았답니다.

 흥선 대원군의 개혁은 흐트러진 나라의 기강을 세우고, 백성들의 생활을 안정시켰으며, 전통 체제를 유지하여 왕권을 강화하는 결과를 가져왔어요. 하지만 근대 사회를 준비해야 하는 시대 변화에 대비하지는 못했지요.

궁금해요! 대원군은 무슨 뜻인가요?

 조선에서는 왕이 왕위를 이을 형제나 아들이 없이 죽으면 가장 가까운 왕족에게 왕위를 물려주었어요. 이때 새로운 왕의 친아버지를 대원군이라고 부르지요. 조선 시대에는 모두 4명의 대원군이 있었어요. 바로 선조의 아버지 덕흥 대원군, 인조의 아버지 정원 대원군, 철종의 아버지 전계 대원군, 고종의 아버지 흥선 대원군이지요.

 그런데 다른 대원군들은 죽은 후에 아들이 왕이 되어 대원군의 호칭을 받았던 것과 달리, 흥선 대원군은 살아 있을 때 대원군이 되었어요. 이런 경우는 처음이었기 때문에 신하들은 이 일을 어떻게 해야 하는지 의견을 나누었지요. 이를 통해 신하들이 흥선 대원군은 왕 앞에서도 허리를 굽히지 않으며 스스로를 신하라 칭하지 않아도 된다고 정했답니다.

서양 세력의 침입을 물리치다

양요가 일어나다

1866년에 프랑스가 7척의 군함을 거느리고 조선을 침략해 왔어요. 서양 강대국이 군대를 이끌고 쳐들어온 것은 처음이었지요. 그들은 왜 조선에 쳐들어왔을까요?

당시 권력을 잡고 있던 흥선 대원군은 천주교를 탄압했어요. 천주교의 교리가 조선의 전통 질서를 부정했기 때문이에요. 흥선 대원군이 집권하기 전에도 조선 정부는 천주교를 배척하고 탄압했지요. 천주교인들은 베이징으로 편지를 보내 로마 교황과 청나라 황제에게 조선 정부가 종교의 자유를 허락하도록 압력을 넣어 달라고 부탁했어요. 만약 그렇게 되지 않으면 군대를 보내 조선을 굴복시켜 달라고 요청했어요. 그러나 이러한 일은 성공하지 못했고, 천주교에 대한 정부의 탄압은 더욱 심해졌어요.

흥선 대원군이 집권한 후 1866년에 일어난 병인박해 때 프랑스 신부 9명과 천주교 신자 8,000여 명이 목숨을 잃었지요. 프랑스는 이를 구실 삼아 조선을 침략하기로 결정했어요. 하지만 프랑스의 진짜 속셈은 조선을 그들의 상품 시장으로 만드는 데 있었어요. 프랑스는 7척의 군함을 이끌고 강화도에 상륙해서 프랑스 신부를 죽인 정승을 엄벌할 것과 통상 조약 체결을 요구하면서 강화도를 마구 약탈했지요. 이에 맞서 한성근의 부대가 문수산성에서, 양헌수의 부대가 삼랑성에서 격전을 벌여 프랑스 군대를 물리쳤어요.

프랑스는 조선 군인들의 끈질긴 항전에 질려 1개월 만에 물러난 것이지요. 이를 병인년에 서양 오랑캐가 일으킨 소요라 하여 병인양요라고 해요. 이때 프랑스 군대는 강화도 외규장각에 보관하고 있던 왕실의 주요 의식, 절차 등을 기록한 의궤 340여 권과 문화재를 약탈해 갔어요.

한편 1866년 병인양요가 일어나기 직전에 미국의 상선 제너럴 셔먼호가 대동강을 거슬러 올라와 교역할 것을 요구했어요. 조선 정부는 요구를 거절했고, 평안도 관찰사였던 박규수는 군인, 백성들과 함께 힘을 합쳐 제너럴 셔먼호를 불태워 침몰시켰어요.

그런데 5년 뒤인 1871년에 미국은 이 사건의 책임을 묻겠다며 조선에 쳐들어왔어요. 미국은 강화도의 초지진과 덕진진을 점령하고 광성보를 공격했지요. 이에 어재연 등이 이끈 조선의 군인들은 치열한 싸움 끝에 미군을 격퇴했어요. 이를 신미년에 서양 오랑캐가 일으킨 소요라 하여 신미양요라고 하지요.

통상 수교 거부 정책을 실시하다

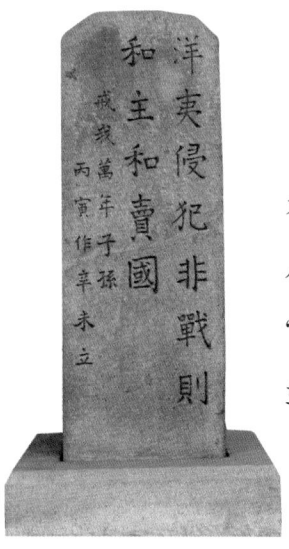

척화비

흥선 대원군은 프랑스와 미국의 침략을 물리친 후 척화비를 전국 곳곳에 세우고 나라 문을 더욱 꼭꼭 닫았어요. 그리고 군사력을 키워 서양의 침입을 막으려고 노력했어요. 척화비에는 "서양 오랑캐가 침범하는 데도 싸우지 않으면 화친하는 것이요, 화친하는 것은 나라를 팔아먹는 것이다."라는 내용이 담겼어요.

흥선 대원군의 이러한 외교 정책을 통상 수교 거부 정책이라고 해요. 통상 수교 거부 정책은 두 가지의 평가를 받고 있어요. 하나는 서양의 침략을 잘 막아 내는 데 성공했다는 긍정적인 평가예요. 그리고 다른 하나는 국제 정세를 파악하지 않고 무조건 나라의 문을 닫았기 때문에 조선의 근대화가 늦어지는 결과를 가져왔다는 부정적인 평가랍니다.

궁금해요! 의궤란 무엇일까요?

화성원행의궤도

　의궤란 조선 시대에 국가나 왕실의 중요한 행사 과정을 기록한 일종의 종합 보고서랍니다. 행사 준비, 진행 과정, 사용한 경비, 참가 인원, 포상 내역 등을 상세하게 기록해 후대 사람들이 본받아 시행착오 없이 일을 추진할 수 있도록 한 것이지요. 여기에는 필요에 따라 그림을 함께 그려 넣어 이해를 돕기도 했지요.

　의궤는 두 종류가 제작되었는데, '어람용'과 '분상용'이랍니다. 왕이 보도록 특별히 제작한 것을 '어람용'이라 하고, 일반적으로 참고하게 만든 것을 '분상용'이라고 해요. 병인양요 당시 강화도의 외규장각에 보관되어 있던 의궤 중에는 재료나 제작 기법이 훨씬 고급스러운 어람용이 많았지요.

　프랑스군이 약탈해 간 의궤는 프랑스 국립 도서관에 100년이 넘도록 묻혀 있었어요. 그런데 프랑스에 살고 있던 박병선 박사에 의해 그 존재가 세상에 알려졌고, 오랜 노력 끝에 145년 만인 2011년에 외규장각 의궤 297권이 비록 대여 형식이지만 모두 고국으로 돌아왔답니다.

2장
개화기

일본의 강압에 따라 강화도 조약을 체결한 조선은 갑작스럽게 나라의 문을 열게 되었고, 이전에 겪어 보지 못한 커다란 변화의 물결에 휩싸였어요. 서양 문물이 마구 쏟아져 들어와 사람들의 생활이 크게 달라졌지요. 그런데 일본을 비롯한 서양의 힘 있는 나라들은 호시탐탐 우리나라를 차지하려고 눈독을 들였어요. 이에 맞서 고종은 대한 제국을 선포하고, 지식인들이 중심이 되어 독립 협회를 결성해 나라를 되살리기 위해 애썼지요. 그렇지만 대한 제국의 상황은 바람 앞에 등불처럼 점점 위태로워졌답니다.

- 1876년 강화도 조약을 맺음
- 1882년 임오군란 일어남
- 1884년 갑신정변 일어남
- 1894년 동학 농민 운동 발발, 갑오개혁 시작(~1896)
- 1895년 을미사변 일어남
- 1896년 아관 파천, 〈독립신문〉 창간, 독립 협회 결성
- 1897년 대한 제국 선포

나라의 문을 열다

1873년에 흥선 대원군이 물러나고 고종이 직접 나랏일을 맡게 되었어요. 일본은 이 기회를 틈타 1875년에 군함 운요호를 강화도 앞바다에 보냈지요. 바다의 항로를 조사한다는 핑계로 말이에요.

강화도 초지진의 포대에서는 한강으로 올라가려는 운요호를 막으려고 대포를 쏘았어요. 그러자 운요호는 기다렸다는 듯이 대포를 쏘아 초지진을 완전히 파괴하고, 영종도에 내려 민가와 관청을 불태우고 많은 사람들을 죽였어요. 그러고는 오히려 조선에서 먼저 포를 쏘았다며 조선의 항구를 열고 통상을 하자고 요구했어요.

그러자 조선 정부는 나라의 문을 열지 말지 고민에 빠졌어요. 고종은 통상 수교 거부 정책을 펴던 흥선 대원군과 생각이 달랐어요. 무조건 나라의 문을 닫는 것이 아니라, 항구를 열어 통상을 하면서 나라를 발전시켜야 한다고 판단했지요. 일본의 강요도 계속되었어요. 결국 조선 정부는 일본과 강화도에서 통상을 위한 조약을 맺었어요. 이를 강화도 조약이라고 하지요.

강화도 조약은 우리 정부가 외국과 처음으로 맺은 근대적 조약이었는데, 일본에게 일방적으로 유리한 내용이 많았어요. 당시 조선은 일본에 비해 국제 정세에 어두웠기 때문이었어요.

영종도에 상륙하는 일본군

구식 군대가 임오군란을 일으키다

1882년 구식 군인들이 일본 공사관으로 몰려갔어요. 왜 그랬을까요? 강화도 조약을 맺은 뒤 조선은 서양의 제도와 문물을 받아들이는 개화 정책을 실시했어요. 새로운 군대인 별기군도 만들었지요. 별기군은 예전에 있던 5군영에서 신체 건강한 80명을 뽑아 구성된 신식 군대로, 그 대우와 훈련 방식은 이전과 달랐답니다. 별기군은 일본에서 들여온 최신식 소총으로 무장했고, 훈련도 일본인 교관이 맡았어요. 복장도 제대로 갖추었고, 급료도 예전 군영의 병사보다 월등히 좋았다고 해요. 반면에 구식 군인들은 급료도 오랫동안 받지 못했지요.

별기군

1882년 무려 1년 만에 구식 군인들이 한 달분 급료를 받았어요. 그런데 받은 쌀에 겨와 모래가 절반 이상 섞여 있었어요. 구식 군인들은 더는 참을 수가 없었어요. 화가 난 군인들은 조정의 높은 관리의 집을 습격했어요. 그리고 일본 공사관을 불태우고 일본인 교관을 죽였어요. 이 모든 상황이 일본 때문에 일어난 것이라고 생각했기 때문이지요. 이 사건을 임오년에 군인들이 일으킨 난리라고 하여 임오군란이라고 부르지요.

군인들은 궁궐까지 몰려갔어요. 권력을 잡고 있던 왕후의 친척들은 죽음을 당했고, 왕후도 피신했지요. 당황한 고종은 흥선 대원군에게 도움을 청해 분노한 군인들을 진정시키려고 했어요. 하지만 청나라가 군대를 파견해 군인들을 진압하고 흥선 대원군을 톈진으로 데려갔어요. 이후 조선은 일본과 제물포 조약을 맺어 일본 정부에 사과하고 일본 공사관이 불탄 것에 대한 배상금을 지불해야 했어요. 그리고 청나라 군대는 계속 조선에 머물면서 조선의 정치에 사사건건 간섭했지요.

개화기

갑신정변이 삼일천하로 끝나다

1884년 급진 개화파가 우정총국의 개국을 축하하는 잔치에서 정변을 일으켰어요. 급진 개화파란 서양의 기술 문명뿐 아니라 서양의 제도와 정신까지도 받아들일 것을 주장한 사람들이었어요. 김옥균, 박영효, 서광범, 홍영식, 서재필 등이 대표적이지요. 이들은 임오군란 이후 청나라가 조선의 내정에 사사건건 간섭하는 것을 못마땅하게 여겼어요. 청나라의 간섭 때문에 조선의 개혁이 늦어진다고 생각했기 때문이지요.

김옥균을 비롯한 급진 개화파는 근대적 우편 업무를 담당할 우정총국 개국 축하 잔치가 열리는 날, 일본의 지원을 약속받고 정변을 일으켰어요. 갑신년에 일어났기 때문에 이를 갑신정변이라고 해요.

정변을 일으킨 다음날 급진 개화파는 고종에게 청나라 군인들이 변란을 일으켰다고 거짓으로 보고했어요. 그러고는 고종과 왕후를 경우궁으로 몸을 피하게 하고, 개혁 정책 14개 조를 발표했어요.

정변이 일어난 지 3일째 되는 날, 청나라 군대가 들이닥쳤어요. 급진 개화파를 도와주었던 일본 군대는 도

왼쪽부터 갑신정변을 주도한
박영효, 서광범, 서재필, 김옥균

망을 가고, 정변의 주동자들은 죽거나 일본으로 망명했지요. 결국 갑신정변은 3일 만에 막을 내리고 말았답니다. 이후 청나라는 더욱 노골적으로 조선의 정치에 간섭했어요. 하지만 갑신정변은 조선을 근대 국가로 건설하려고 했던 사건으로, 근대화 운동의 선구라는 평가를 받고 있지요.

김옥균을 비롯한 급진 개화파는 너무 성급하게 개혁을 하려다가 실패했지.

백성들의 지지를 받지 못한 것도 실패한 이유였어.

갑신정변 개혁안 (일부)

- 청에 잡혀간 흥선 대원군을 돌아오도록 하며, 청에 바치던 조공의 허례를 폐지한다.
- 문벌을 폐지하여 인민 평등의 권리를 세워 능력에 따라 관리를 임명한다.
- 조세 제도를 개혁하여 관리의 부정을 막고 백성을 평안케 하여 나라의 수입을 넉넉하게 한다.
- 부정부패한 관리를 처벌한다.
- 순사를 두어 도둑을 막는다.
- 모든 재정을 하나로 만들어 호조에서 맡는다.

일본에 너무 의지한 것도 문제였어요.

그래도 근대 국가를 건설하려고 했던 마음으로 시작했다는 데 의의가 있어요.

동학 농민 운동이 일어나다

탐관오리의 횡포에 분노하다

1894년에 전라도 고부에서 전봉준이 이끄는 1천여 명의 농민들이 관아를 습격했어요. 이것이 동학 농민 운동의 시작이랍니다. 동학 농민 운동은 1860년에 최제우가 창시한 동학을 믿는 동학교인과 농민들이 함께 일으켰는데, 갑오년에 일어났다고 하여 갑오 농민 전쟁이라고도 하지요. 그런데 왜 고부에서 동학 농민 운동이 처음 일어났을까요?

예로부터 전라도는 우리나라에서 쌀이 가장 많이 나는 곡창 지대였어요. 고부는 그중에서도 으뜸가는 지역이었지요. 그런데 물자가 풍부하다 보니 이 지역 백성들에 대한 수탈도 심했답니다. 당시 고부 군수였던 조병갑은 대표적인 탐관오리였어요. 조병갑은 저수지가 있는데도 고부의 백성들을 시켜 만석보라는 새로운 저수지를 만들고 물세를 거두었어요. 또 자기 아버지의 업적을 칭송하는 비석을 세운다고 돈을 걷기도 했지요. 농민들이 항의하면 잡아가두고 심한 매질을 하기도 했답니다. 농민들은 더는 참을 수 없었어요. 특히 조병갑의 매질에 아버지를 잃은 전봉준은 분노를 참을 수 없었지요.

만석보 유지비

102

사발통문은 봉기에 참여한 사람들의 이름을 사발을 엎은 모양처럼 둥글게 적어 돌린 문서였어요. 이렇게 하면 봉기의 주모자가 누구인지 알 수 없었답니다.

사발통문

고부에서 농민 봉기가 일어나다

전봉준은 당시 동학의 접주, 즉 지역 책임자였다고 해요. 그는 사발통문을 이용해 사람들과 봉기의 뜻을 모으고 계획을 세웠어요. 전봉준과 1천여 명의 농민들은 고부 관아를 공격했어요. 농민들은 조병갑을 내쫓고 횡포를 부리던 관리들을 벌주었지요. 그리고 창고에 쌓여 있던 곡식을 농민들에게 나누어 주고, 감옥을 열어 죄 없이 갇혀 있던 사람들을 풀어 주었어요.

고부에서 농민 봉기가 있었다는 소식을 듣고, 나라에서는 매우 놀라 이용태를 조사관으로 파견했어요. 그런데 고부에 온 이용태는 조병갑의 잘못에 대해서는 따지지 않고 모든 책임을 농민들의 탓으로 돌리고 주모자를 찾아내어 처벌했어요. 화가 난 전봉준은 8,000여 명의 농민들을 모아 다시 봉기했어요.

동학 농민군이 전쟁을 벌이다

전봉준이 이끈 농민군은 고부의 황토현에서 관군을 물리치고 그 기세를 몰아 전주성을 점령했어요. 전주성이 농민군에게 점령당하자 나라에서는 청나라에 군대를 요청했어요. 그러자 일본도 기다렸다는 듯이 군대를 보냈어요. 일본군이 들어오자 조정에서는 당황했지요. 농민군은 외국의 군대가 주둔하는 것을 원하지 않았기 때문에 나라에서 내세운 개혁 약속을 믿고 해산했어요. 그러고는 전라도의 여러 곳에 집강소를 설치하고 스스로 고을을 다스렸지요. 그런데 몇 달 후, 일본군이 경복궁을 침입했어요. 농민군은 일본군을 몰아내기 위해 다시 일어섰어요.

농민군은 공주 우금치에서 일본군과 격렬한 싸움을 벌였지만 일본군의 우수한 무기를 당할 수가 없어 패배하고 말았어요. 그리고 전봉준도 사로잡혀 처형되고 말았답니다. 이로써 동학 농민 운동은 아쉽게도 실패하고 말았어요.

하지만 전라도 곳곳에서는 농민들의 봉기가 계속되었어요. 그들은 탐관오리를 처벌하고, 일본인들을 공격했지요. 동학 농민 운동의 불씨는 꺼지지 않고 살아남았다가 이후 항일 의병 운동으로 다시 활활 타오르게 됩니다.

인물 이야기 - 녹두 장군 전봉준

새야 새야 파랑새야 녹두밭에 앉지 마라
녹두 꽃이 떨어지면 청포 장수 울고 간다

이 노래는 동학 농민 운동 당시에 농민들이 부르던 노래예요. 파랑새, 녹두 꽃, 청포 장수는 무엇을 상징할까요? 여기에서 녹두 꽃은 녹두 장군 전봉준을, 파랑새는 일본군을 뜻해요. 녹두 꽃이 떨어지면 우는 청포 장수는 바로 농민들이지요.

어릴 적 전봉준은 병정놀이를 좋아하는 개구쟁이였다고 해요. 어른이 되어서는 서당을 열어 아이들을 가르치기도 했어요. 1890년 동학교인이 되었고, 당시 고부 군수였던 조병갑이 온갖 나쁜 짓을 저지르며 백성들을 수탈하자 전봉준은 농민들을 이끌고 봉기했지요. 유난히 체구가 작아 '녹두 장군'이라는 별명이 붙었지만 전봉준은 우리나라 역사에 길이 남을 거인이랍니다.

갑오개혁으로 신분 제도를 폐지하다

　신분 제도가 생겨난 것은 아주 오랜 옛날이에요. 여러 부족이 하나의 국가로 통합되는 과정에서 서열이 생겨났어요. 그리고 이 서열이 신분으로 발전했지요. 삼국 시대에 귀족, 평민, 천민의 신분이 생긴 후 이러한 신분 구분은 고려와 조선으로 이어졌지요.

　특히 조선에서는 양반과 상민 간의 구별이 엄격했어요. 하지만 왜란과 호란 이후 엄격했던 신분 제도가 흔들리기 시작했어요. 양반 신분을 돈으로 사거나 족보를 위조하여 양반으로 행세하는 경우가 늘어났지요. 이로 인해 양반의 수는 늘었지만, 상민의 수는 점점 줄어들었어요. 그래서 나라에서는 공노비를 해방하여 나라 재정의 기반이었던 상민의 수를 늘리기도 했답니다.

　오랜 세월 유지되었던 우리나라의 신분 제도는 언제 없어졌을까요? 바로 갑오개혁 때였어요. 갑오개혁은 1894년부터 1896년까지 조선이 추진한 개혁 운동이에요. 개혁이 추진되어 법적으로 양반과 상민의 차별이 없어지고, 천민도 사라졌지요.

　또 갑오개혁에서는 나이가 어린 여자의 결혼을 금지했어요. 그리고 고문하는 것과 친척의 범죄 때문에 죄 없이 처벌을 받는 연좌제 같은 나쁜 제도도 없앴어요. 이 밖에 과거제를 폐지하고 신분의 구별 없이 인재를 등용하는 새로운 관리 임용 제도를 마련했지요. 이로써 조선 사회는 개인의 능력을 중시하는 근대 사회로 접어들게 되었답니다.

개화기

누가 조선의 왕후를 죽였는가?

1895년 경복궁에서는 끔찍한 일이 벌어졌어요. 일본 공사인 미우라의 명령을 받은 일본 무사들이 '여우 사냥'이라는 작전으로 경복궁에 침입해서 왕후(명성 황후)의 침실을 습격했어요. 궁녀들을 닥치는 대로 죽이고 왕후를 살해했지요. 그러고는 시신을 뒤편 숲으로 옮겨 석유를 붓고 불태우는 만행을 저질렀어요. 이것을 을미년에 일어난 사변이라고 하여 을미사변이라고 해요. 일본은 왜 조선의 왕후를 죽이는 야만스러운 사건을 저질렀을까요?

1890년대는 청나라, 일본, 미국, 러시아 등이 조선을 둘러싸고 세력 다툼을 벌였던 시기였어요. 1894년에는 조선을 두고 청나라와 일본이 전쟁까지 벌였답니다. 이를 청·일 전쟁이라고 해요. 청·일 전쟁은 일본의 승리로 끝났고, 일본은 승리의 대가로 청나라로부터 랴오둥 반도를 빼앗았지요. 그런데 일본의 세력이 커지는 것을 못마땅하게 여긴 나라들이 있었어요. 바로 러시아, 프랑스, 독일이었지요.

이 나라들은 일본에게 랴오둥 반도를 청나라에 돌려줄 것을 강요했어요. 일본은 어쩔 수 없이 랴오둥 반도를 청나라에게 돌려

명성 황후가 시해된 장소로 알려진 경복궁의 옥호루(1900년대 초)

주었지요. 이를 지켜 보고 있던 조선은 일본을 멀리하고 힘이 더 강한 러시아와 가까워지기 위해 움직였어요. 특히 왕후가 러시아와 손잡는 데 앞장섰지요. 이에 불안해진 일본이 조선의 국모를 죽이는 만행을 저지른 것이랍니다.

인물 이야기

조선을 이끈 여장부, 명성 황후

　개화기에 조선을 여행한 영국 사람 비숍 여사가 명성 황후를 만난 뒤에 "왕후는 가냘프고 미인이었다. …… 눈은 차고 날카로워서 훌륭한 지성의 소유자라는 것을 알 수 있었다."라고 말했어요.
　명성 황후는 16살에 고종과 혼인했어요. 흥선 대원군은 외척들의 세도 정치를 막기 위해 일부러 힘없는 집안 출신이면서 아버지와 남자 형제가 없던 민씨 규수를 며느리로 선택했지요. 그러나 명성 황후는 무척 총명하여 곧 자신을 지지하는 세력을 만들어 대원군과 맞섰어요. 그리고 고종이 직접 정치를 할 수 있게 도왔고, 서양 세력을 이용해 나라를 발전시키려고 했지요.
　한편 1894년 청·일 전쟁에서 승리한 일본의 간섭이 더욱 심해지자 명성 황후는 러시아와 손을 잡으려고 했어요. 그러나 이를 눈치 챈 일본이 무사들을 보내 명성 황후를 시해했지요.
　1897년 고종이 대한 제국을 세워 황제에 오른 뒤에 돌아가신 명성 왕후를 명성 황후로 부르게 되었답니다.

독립 협회는 무슨 일을 했나?

독립 협회를 세운 대표적인 인물은 서재필이었어요. 서재필은 갑신정변을 주도한 인물 가운데 한 명으로 갑신정변이 실패하자 미국으로 망명했다가 을미사변 이후 귀국했지요.

서재필은 조선을 근대 국가로 만들고 싶었어요. 이를 위해 1896년 4월에 우리나라 최초의 민간 신문이자 한글 신문인 〈독립신문〉을 창간하고, 같은 해 7월에 독립 협회를 만들었어요. 독립 협회에는 고위 관리, 학생, 교사, 하급 군인 등 다양한 계층이 참여했지요. 독립 협회는 신체의 자유, 재산권 보호 등 근대적 민권 사상을 전파했어요. 1897년에는 청나라에서 온 사신들을 맞이하던 영은문을 헐고 성금을 모아 독립문을 세웠어요. 또 청나라 사신을 대접하던 모화관을 고쳐 독립관을 세워 조선이 청나라의 간섭을 떨쳐 버리고 자주국이 되었음을 널리 알렸어요.

1898년에는 만민 공동회를 종로거리에서 개최하여 러시아 등 외세의 간섭을 물리칠 것과 집회의 자유를 주장하기도 했지요. 그리고 국민의

독립문 건립

대표가 정치에 참여할 수 있는 의회를 설립하려고 준비했어요. 하지만 나라에서는 독립 협회가 왕권을 위협한다고 여겼어요. 고종을 몰아내고 대통령을 세우려 한다고 생각했답니다. 결국 1899년에 독립 협회는 강제로 해산되고 말았어요.

인터뷰
〈독립신문〉의 발행인, 서재필

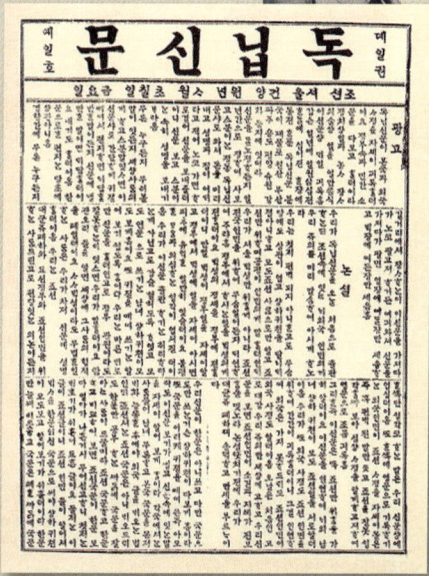

🎙️ **기자** 갑신정변 실패 후 미국으로 망명하였는데 돌아온 이유는 무엇입니까?

뜻을 같이했던 박영효가 미국에 와서 나의 죄가 용서받게 되었음을 알려주었고, 자신과 함께 조선에서 다시 개화 운동을 시작해 보자고 권유하여 오게 되었지요.

🎙️ **기자** 정부는 왜 귀하가 발행하는 신문 발행을 지원하였습니까?

이미 1883년에 발행한 〈한성순보〉는 오래가지도 못했고 널리 읽히지도 못했습니다. 하지만 현재 정부가 개화 운동의 연장으로 신문 발간에 힘써 〈독립신문〉이 나온 것입니다.

🎙️ **기자** 〈독립신문〉은 어떤 신문입니까?

〈독립신문〉은 순 한글을 사용하여 누구나 다 볼 수 있는 신문입니다. 저는 신문을 통해 사람들의 눈과 귀가 깨어나게 하고, 서양의 발달된 문물과 제도를 소개하여 국민들의 지식과 권리를 키워 나갈 것입니다.

고종이 황제의 나라를 선포하다

1895년에 일어난 을미사변은 조선의 백성들은 물론 왕비를 잃은 고종에게도 매우 큰 충격이었어요. 고종은 왕비가 살해된 경복궁을 떠나 러시아 공사관으로 몸을 피했어요. 임금이 아라사라고 불리던 러시아의 공사관으로 거처를 옮겼다고 하여 이를 '아관 파천'이라고 해요.

대신들과 백성들은 고종에게 다시 경복궁으로 돌아올 것을 요구했어요. 왕이 외국 공사관에 있는 것이 수치스럽고, 강대국들의 경제적 침탈이 더욱 심해졌기 때문이에요. 러시아는 금광 채굴권을 비롯해 이익이 될 만한 사업을 모조리 가져갔어요. 미국, 프랑스, 독일도 철도를 놓거나 삼림을 벌채할 수 있는 권리를 가져갔지요.

약 1년 만에 고종은 러시아 공사관에서 나왔지만, 경복궁으로 돌아가지 않고 경운궁(덕수궁)으로 갔어요. 그러고는 외세에 흔들리지 않는 나라를 세우겠다는 결심을 했지요.

고종은 1897년 10월에 나라 이름을 대한 제국이라 선포하고 황제의 자리에 올랐어요. 그리고 우리나라가 황제의 나라가 되었다고 널리 알렸답니다.

대한 제국 선포는 어떤 의미를 가질까요? 먼저 조선이 더는 청나라의 속국이 아니라는 뜻을 보인 것이지요. 또 일본과 러시아를 비롯한 서양 강대국으로부터 독립을 지키겠다는 고종의 강한 의지를 보여 준 것이기도 해요.

고종 어진

개화기

근대 문물이 들어와 사회가 변하다

　개항 이후에 조선은 미국과 영국, 독일 등 서양의 여러 나라들과 조약을 맺고 그들의 발달된 문물을 적극적으로 받아들이려고 노력했어요. 그 결과 서양의 문물이 우리나라에 퍼졌고, 사람들의 생활 모습도 많이 바뀌었지요.

　사람들은 한복 대신 양복과 양장을 입었고 빵, 커피, 홍차 등을 먹고 마시기 시작했지요. 그리고 남녀 또는 신분의 구별 없이 한자리에 둘러앉아 먹는 두레상의 문화도 생겨났어요. 거리에는 서양식 건축물과 일본식 2층집이 등장했지요. 이런 건물들은 시멘트, 유리, 벽돌 등 새로운 재료로 만들어졌어요. 이때 지어진 대표적인 서양식 건축물로 독립문, 명동 성당, 덕수궁 석조전 등이 있어요.

덕수궁 석조전

한편 1887년 경복궁에 최초로 전기가 들어왔지요. 전깃불을 처음 접한 우리 조상들은 낮과 같이 환해진 밤에 매우 놀랐어요. 또 1898년에 궁궐과 정부 건물에 전화기가 설치되었어요. 사람들은 전화기를 '텔레폰(Telephone)'의 발음을 따서 '덕률풍', '다리풍'이라고 불렀어요. 그리고 당시 관리들은 임금의 전화를 받을 때 관복을 바르게 정리한 뒤에 절을 하고 받았다고 해요.

근대 문물 중에서 가장 사람들의 눈길을 끌었던 것은 전차였어요. 전차는 서대문과 청량리 사이를 오갔는데, 신기한 전차를 타기 위해 시골에서 일부러 올라오는 사람들도 있었어요. 그리고 지금까지도 주요 교통수단으로 이용되고 있는 철도가 이때에 설치되었어요. 우리나라의 철도 중 가장 먼저 건설된 것은 서울의 노량진에서 인천의 제물포 사이를 다닌 경인선이랍니다.

그런데 경인선은 일본이 설치한 철도였어요. 일본은 우리나라의 근대화를 돕기 위해 철도를 설치했을까요? 그렇지 않아요. 일본은 우리나라뿐 아니라 중국까지 침략하기 위한 목적으로 철도를 건설했어요. 또 우리나라에서 쌀을 비롯한 여러 가지 물자를 일본으로 실어 나르기 위해 철도 건설에 적극적으로 나섰던 것이지요.

전차

전화기

2장 **개화기** 115

나라의 외교권을 일본에 빼앗기다

을사조약이 강제로 체결되다

고종은 대한 제국을 선포하고 나라를 바로 세우기 위해 노력했지만 국제 정세는 그리 호락호락하지 않았어요. 특히 청·일 전쟁에서 승리한 일본은 호시탐탐 한반도를 지배하려고 기회를 노리고 있었지요. 러시아도 한반도를 차지할 욕심을 가지고 있었기 때문에 두 나라는 사사건건 부딪혔어요. 결국 1904년에 러·일 전쟁이 일어났어요.

대한 제국은 전쟁에 끼어들지 않겠다고 선언했어요. 하지만 일본은 이를 무시하고 한·일 의정서를 강제로 체결해 일본이 한반도 내에서 전쟁 중 필요한 지역을 마음대로 사용할 수 있다고 정했어요. 결국 1년 반 동안의 전쟁 끝에 일본이 러시아를 이겼어요. 이제 일본은 마음 놓고 한반도를 차지하려는 야욕을 드러냈지요.

1905년 11월, 덕수궁에서 이토 히로부미는 고종 황제에게 을사조약에 순순히 응하라고 위협했어요. 조약문에는 "대한 제국 정부는 지금부터 일본 정부의 중개를 거치지 않고서는 국제적 성질을 가진 어떤 조약이나 약속을 맺지 않을 것을 약속한다."라는 내용이 들어 있었지요. 고종 황제는 도장을 찍지 않았어요. 외교권을 넘긴다는 것은 우리나라가 국제적으로 나라의 지위를 완전히 잃게 된다는 것이기 때문이었어요.

고종 황제가 말을 듣지 않자 이토 히로부미는 8명의 정부 대신을 모아 놓고 한 사람 한 사람에게 찬성과 반대 의견을 물었어요.

8명의 대신 가운데 학부대신 이완용, 외부대신 박제순, 내부대신 이지용, 군부대신 이근택, 농상공부대신 권중현은 조약에 찬성했지요. 그래서 이들을 '을사오적'이라고 부른답니다. 이토 히로부미는 고종 황제가 끝내 옥새를 내주지 않자 외부대신의 도장을 찍어 조약을 통과시켰어요. 우리 황제가 인정하지 않는 약속을 강제로 맺은 것이지요.

을사조약 체결에 항거하다

대한 제국은 일본에게 불법적으로 외교권을 빼앗겼어요. 조약 체결을 마친 일본은 대한 제국의 정치에 간섭할 통감부를 서울에 설치하고 이토 히로부미를 첫 번째 통감으로 임명했어요. 이토 히로부미는 통감부 아래 많은 관청을 설치하고 대한 제국의 정치와 경제 등 내정까지 간섭했어요. 사실상 식민 통치가 시작된 셈이지요.

한편 을사조약이 체결되자 〈황성신문〉에서 활동한 장지연은 신문에 '시일야방성대곡', 즉 '오늘 목 놓아 통곡하노라'는 제목의 글을 실었어요. 이것 때문에 장지연은 잡혀가고 〈황성신문〉은 발간 정지를 당했어요. 또 고종의 시종무관이었던 민영환은 을사조약을 막지 못해 고종과 2천만 동포에게 사죄한다는 뜻으로 목숨을 끊었어요. 이 밖에도 조병세, 이상철, 홍만식, 송병선 등도 을사조약 체결에 반대하며 스스로 목숨을 끊었지요. 그리고 나인영 등은 단체를 조직하여 조약 체결에 찬성한 오적을 처단하는 데 나섰어요.

헤이그에 파견된 이준, 이상설, 이위종 특사

을사조약 체결을 끝까지 반대했던 고종 황제는 을사조약이 무효임을 세계에 알리고 싶었어요. 마침 1907년 6월에 네덜란드 헤이그에서 만국 평화 회의가 열릴 예정이었지요. 고종은 만국 평화 회의에 우리나라 대표를 파견했어요. 이들이 바로 이준, 이상설, 이위종이에요.

　하지만 이들은 일본의 방해로 만국 평화 회의에 참석할 수 없었어요. 대신 세계 각국의 기자들 앞에서 '한국을 위하여 호소한다'는 제목의 연설을 해 일본의 침략성을 세계에 폭로했어요. 그러자 일본은 헤이그에 특사를 파견했다는 이유로 1907년에 고종을 황제 자리에서 강제로 물러나게 했답니다.

궁금해요! 을사조약은 진짜 조약이 아니라고요?

덕수궁 중명전에 전시된 을사조약 문서

　일본이 군대를 동원해 고종 황제와 정부 대신들을 위협하면서 억지로 체결한 을사조약은 국제법상으로 볼 때도 명백히 무효였어요.

　우선 조약의 내용을 담은 조약문에 조약의 이름이 적혀 있지 않아요. 국가와 국가 사이에 주고받는 문서에 이름이 없다니 있을 수 없는 일이지요. 또 끝까지 반대한 고종 황제는 대신들에게 조약을 체결할 수 있는 권리를 맡기지 않았기 때문에 대신들의 동의가 있다고 해도 조약 체결은 성립되지 않아요. 아울러 조약을 맺고 나면 국가의 최고 통치자가 조약을 인정하고 동의하는 절차를 거쳐야 조약이 성립하는데, 을사조약 체결 과정에서는 이러한 절차도 없었어요.

　따라서 을사조약은 정식으로 절차를 밟은 국제 조약이 아니랍니다. '을사늑약'이라고도 부르는 이유가 여기에 있어요. 이후 1910년 병합 조약 때도 조약문에 순종의 서명은 없었지요. 따라서 이 조약도 무효랍니다.

의병이 항일 전쟁을 벌이다

1905년에 을사조약이 체결되자, 전국에서 이를 반대하는 의병이 일어났어요. 이들을 을사의병이라고 해요. 을미사변에 분노해 일어난 을미의병은 대부분 양반 출신 의병장이 지휘했지만 이번에는 평민 출신 의병장도 있었지요. 대표적인 평민 의병장이 '태백산 호랑이'로 유명한 신돌석이에요. 신돌석의 부대는 강원도와 경상도 지역에서 활약했는데, 태백산맥의 지형을 이용해 공격하고 도망치는 방법으로 일본군을 괴롭혔지요.

1907년에 일본이 고종 황제를 강제로 퇴위시키고 대한 제국의 군대를 해산하자 의병 활동에 동참하는 사람들이 더 많이 생겼어요. 이때의 의병을 정미의병이라고 해요. 특히 강제로 해산된 군인들 가운데 의병이 된 사람이 많았어요. 이들 덕분에 의병들은 신식 무기를 가질 수 있게 되었고, 전문적으로 훈련을 받을 수 있었지요.

의병은 일본에게 눈엣가시 같았어요. 그래서 일본은 1910년, 대한 제국을 병합하기 전까지 의병 운동을 매우 잔혹하게 탄압했어요. 1909년에는 약 2개월 동안 의병의 근거지가 될 만한 마을을 없애려고 가옥에 닥치는 대로 불을 지르고 백성들을 죽였지요. 의병을 모두 없애야 한반도를 완전히 식민지로 만들 수 있다고 생각했기 때문이에요. 의병 부대들은 할 수 없이 간도와 연해주 지역으로 옮겨 갔어요. 그 뒤 이들은 빼앗긴 나라를 되찾기 위해 독립군으로 활동했지요.

신돌석

안중근, 이토 히로부미를 죽이다

1909년 10월, 중국 하얼빈 역에서 '탕! 탕! 탕!', 세 발의 총소리가 울려 퍼졌어요. 안중근이 이토 히로부미를 죽인 것이지요.

연해주 지역에서 의병을 이끌던 의병장 안중근은 을사조약 체결의 주범이자 초대 통감이었던 이토 히로부미가 정치 회담을 하려고 중국 하얼빈에 온다는 소식을 들었어요. 그는 이토 히로부미를 암살해 민족의 자존심이 살아 있다는 것을 세계에 알리고자 결심했어요.

이토 히로부미를 태운 열차가 하얼빈 역에 도착하자 안중근은 권총을 꺼내 이토 히로부미에게 세 발을 쏘아 명중시켰어요. 이토 히로부미는 그 자리에서 쓰러졌어요. 안중근은 "대한 만세"를 몇 번 소리 높여 외치고 곧 체포되었지요.

감옥에서 이토 히로부미가 죽었다는 소식을 들은 안중근은 "천주님이여, 마침내 포악한 자가 죽었습니다. 감사합니다."라고 했다고 해요. 그 뒤 안중근은 뤼순 감옥에서 최후를 맞았어요.

안중근은 우리나라 사람들에게 두고두고 자랑이 되었지요. 심지어 일본 사람도 안중근을 존경했어요. 당시 이토 히로부미의 옆에서 안중근의 총에 맞았던 일본인은 "가슴 아프지만 안중근이야말로 내가 만난 사람 가운데서 가장 위대한 인물이었음을 인정하지 않을 수 없다."고 말했다고 해요.

안중근 의사의 총격을 받은 이토 히로부미

우리 국민들이 일제의 경제 침탈에 맞서다

개항 이전에도 우리나라는 청나라나 일본과 무역을 했지만 그들이 우리 경제에 미치는 영향은 크지 않았어요. 하지만 개항 이후 일본이 강화도 조약을 비롯한 여러 조약을 맺어 우리나라보다 유리한 위치에서 무역을 하게 되면서 우리나라는 큰 피해를 입었어요.

가장 큰 피해는 쌀 부족 문제였어요. 우리나라에 들어온 일본 상인들은 영국에서 만들어진 면제품을 팔고, 쌀을 사 갔지요. 우리나라에 가뭄이 들고 흉년이 들어도 이러한 상황은 계속되었어요. 이 때문에 우리 농민들의 생활은 매우 어려워졌어요. 게다가 임오군란 뒤에는 청나라 상인들까지 몰려와 일본 상인들과 경쟁했고, 그들은 개항지뿐만 아니라 내륙은 물론 서울까지 활동 지역을 넓혔어요.

일부 지방관들은 일본 상인들이 곡식을 사 가지 못하게 막기 위해 방곡령을 선포하기도 했지요. 하지만 일본은 방곡령으로 자기들이 손해를 보았다고 억지를 부리며 우리나라에 배상을 요구했어요.

한편 일본은 우리나라의 근대화를 위한 사업이라고 하면서 도로와 수도 시설 등을 만들었어요. 그런데 재정이 부족한 우리에게 일본 정부로부터 돈을 빌려 비용을 부담하라고 강요했지요. 결국 우리나라는 일본에 큰 빚을 졌고, 1907년 빚은 1300만 원에 달했어요. 그러자 일본은 우리나라의 경제권을 송두리째 빼앗으려고 했어요. 이에 우리 국민들은 '나라 빚을 갚고 국권을 되찾자'는 운동을 일으켰어요.

대구에서 시작된 이 운동에 많은 국민들이 참여했지요. 남자들은 술과 담배를 끊고 돈을 모아 냈고, 여자들은 반지, 비녀 등 패물을 팔고, 반찬값을 줄여 모금에 동참했어요. 그리고 각종 단체와 〈대한매일신보〉, 〈황성신문〉, 〈제국신문〉 등 언론 기관이 홍보에 앞장서 이 운동은 전국적으로 퍼져 나갔지요. 그러자 일본은 교묘한 방법으로 운동을 방해했어요. 이 운동을 이끌고 있던 양기탁을 횡령 혐의로 잡아 가두고, 〈대한매일신보〉의 사장이었던 영국인 베델을 추방하려고 했어요. 결국 일본의 방해가 계속되면서 이 운동은 중단되었어요.

인물 이야기 — 한국인보다 한국을 더 사랑한 베델

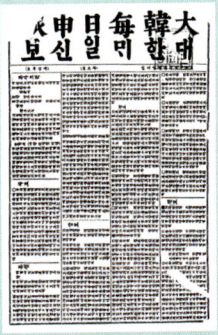

대한매일신보 창간호

베델은 러·일 전쟁 당시 런던 데일리 뉴스 특파원으로 한국에 와 같은 해에 〈대한매일신보〉를 창간했어요. 영국인이 발행인으로 있었기 때문에 〈대한매일신보〉는 일본의 눈치를 보지 않고 일본에 저항하는 언론 활동을 펼칠 수 있었지요. 일본은 베델을 추방할 꼬투리를 계속 찾았어요. 그리고 1908년 일본은 일본인을 배척하고 한국인을 선동한다는 이유로 중국 상하이에 있는 영국법원에 베델을 고발했어요. 당시 일본과 동맹을 맺고 있던 영국은 베델에게 유죄를 선고하고, 3개월의 금고에 처했어요. 그렇지만 베델은 풀려난 후 다시 한국에 돌아와 항일 언론 활동을 계속했지요. 한국인보다 한국을 사랑했던 베델은 안타깝게도 37세의 나이에 심장병으로 죽고 말았어요. 그는 양화진의 외국인 묘지에 묻혀 지금까지도 한국과 함께 하고 있답니다.

3장 일제 강점기

대한 제국은 을사조약으로 일본에 외교권을 빼앗기고, 1910년에 일본의 식민지가 되고 말았어요. 이후 우리 민족은 8·15 광복을 맞이할 때까지 일본의 감시, 억압, 차별 등을 받아야 했지요. 그렇지만 가혹한 식민 통치 속에서 3·1 운동을 전개해 전 세계에 독립에 대한 우리 민족의 염원을 알렸으며, 상하이에 대한민국 임시 정부를 세워 조직적인 독립운동 전개에 적극 나섰어요.

그뿐 아니라 우리 민족은 나라 안팎에서 활발하게 독립 투쟁, 애국 계몽 운동, 그리고 독립을 위한 외교 활동을 벌이며 일제에 끊임없이 저항했답니다. 특히 김좌진 장군과 홍범도 장군이 이끈 청산리 대첩은 일본군의 간담을 서늘하게 했지요. 이러한 우리 민족의 줄기찬 투쟁과 연합군의 승리로 우리나라는 마침내 1945년 8월 15일 광복을 맞이했답니다.

을사조약 체결	1905년
안중근, 이토 히로부미 처단	1909년
일제에 국권을 빼앗김	1910년
3·1 운동, 상하이 대한민국 임시 정부 수립	1919년
홍범도, 봉오동 전투 승리 김좌진, 홍범도 청산리 대첩	1920년
6·10 만세 운동	1926년
신간회 창립	1927년
광주 학생 항일 운동 일어남	1929년
이봉창, 일본 국왕에게 폭탄 투척 의거 윤봉길, 상하이 훙커우 공원 의거	1932년
한국 광복군 창설	1940년
8·15 광복	1945년

일제 강점기

일본의 식민지가 되다

일본이 무단 통치를 하다

1910년 8월 29일, 대한 제국의 모든 통치권을 일본에 넘긴다는 이른바 병합 조약이 발표되었어요. 대한 제국의 주권이 공식적으로 일본에게 넘어가고 조선 총독부가 설치되었지요. 이때부터 우리나라는 일본의 지배를 받게 되었어요.

1910년대 일본의 통치 방식은 헌병 경찰을 앞세운 무단 통치였어요. 일본은 우리나라 사람들의 저항을 철저하게 억누르려고 무력을 동원했어요. 그래서 무관 출신 중에서 총독을 뽑았고, 높은 관리들도 대부분 육군 대장이나 헌병 대장이었지요. 전국 곳곳에 군인인 헌병을 배치하고 그들이 경찰 업무까지 맡도록 했어요. 헌병 경찰은 우리 민족의 독립운동을 감시하고 또 무자비하게 탄압했답니다. 이들은 재판 없이 한국인에게 벌금을 물리거나 한국인을 감옥에 가두기도 했고, 때리는 형벌을 가하기도 했어요. 그래서 당시에 헌병 경찰은 공포의 대상이었어요. "순사가 온다."고 하면 우는 아이도 울음을 그칠 정도였지요.

독립운동가들이 많이 투옥되었던 서대문 형무소

일본이 문화 통치를 하다

1910년대 일본의 강압적인 통치 방식은 한국인의 저항 의식을 더욱 자극했지요. 마침내 1919년에 우리 민족의 분노가 폭발하여 대대적인 만세 시위 운동이 전국 방방곡곡에서 일어났어요. 바로 3·1 운동이에요. 이에 일본은 강압적인 통치 방식만으로 한국인을 지배할 수 없다고 판단했지요. 그래서 우리나라 사람들을 달래기 위해 통치 방식을 바꾸었어요. 일본은 이것을 문화 통치라고 선전했어요.

일본은 먼저 문관 출신 총독을 임명하겠다고 했어요. 그리고 헌병 경찰을 보통 경찰로 바꾸고, 우리나라 사람들이 교육받을 수 있는 기회를 늘리겠다고 했어요. 또 언론과 출판의 자유까지 일부 허용했지요. 하지만 이러한 일본의 정책들은 모두 눈속임이었어요. 실제로 식민 통치 기간 중 한국에 파견된 6명의 총독은 모두 육군이나 해군 대장, 즉 무관 출신이었어요. 또 헌병 경찰을 보통 경찰로 바꾸겠다고 해 놓고는 경찰관서와 경찰관의 수를 3~4배나 늘렸지요. 우리나라 사람들이 교육받을 기회를 늘려 주겠다고 했지만, 주로 초등 교육과 실업 교육을 받게 했어요. 그나마도 보통학교(지금의 초등학교)에 진학한 한국인은 일본인의 6분의 1 정도였어요. 또 한글 신문이 발간되었지만, 모두 검열을 받아야 했어요.

일본은 겉으로는 문화 통치라고 했지만 실제로는 더 교묘하게 우리 민족을 옥죄었지요. 이와 같은 일본의 통치 방식으로 한국인 중에서 일제에 협력하는 사람들이 늘어났답니다.

사이토 마코토
해군 대장 출신으로 세 번째 조선 총독이 되어 허울 좋은 문화 통치를 내세웠어요.

우리 민족을 말살하려고 하다

1929년에 세계적으로 경제 공황이 발생해 일본의 경제도 매우 어려워졌답니다. 실업자가 늘어나고 농민들의 생활도 무척 힘들었어요. 그러자 일본은 만주 지역과 중국 본토를 침략하는 전쟁을 일으켰지요.

일본은 한국인들을 전쟁에 동원하려고 했어요. 한국인이 일본을 위해 전쟁에 나가게 하려면 우선 한국인이 '한국인'이라고 생각하지 않게 만들어야겠다고 생각했지요. 그래서 일본은 '한국과 일본이 하나'라는 뜻을 가진 '내선일체'라는 구호를 내세웠어요. 그리고 신사에 참배하고 〈황국 신민 서사〉를 외도록 했지요. "우리는 대일본 제국의 신민이다."로 시작하는 〈황국 신민 서사〉는 이제 우리는 한국인이 아닌 일본인으로서 일본 왕에게 충성을 다할 것을 다짐한다는 맹세였어요. 또 한글 사용을 금지하고 대신 일본어를 사용하게 했어요. 그리고 조상에게 물려받은 성과 이름을 버리고 일본식 이름으로 바꾸도록 했지요.

일본식 이름으로 바꾸기 위해 줄을 선 사람들   일본이 낸 위안부 모집 공고

일본은 한국인의 민족의식을 없애고 한국인을 '일본에 충성하는 백성'으로 만들어 전쟁에 이용하려는 목적으로 이러한 정책들을 강요했어요.

일본은 중국과의 전쟁을 확대하면서 국가 총동원령을 내리고 더 많은 한국인을 전쟁터로 내몰아 일본을 위해 싸우게 했어요. 처음에는 지원자들을 보냈지만 나중에는 징병 제도를 실시했지요. 전쟁 기간 동안 약 20만 명의 청년들이 강제로 전쟁터에 끌려갔어요. 그뿐 아니라 일본은 젊은이들을 광산, 공장 등으로 끌고 갔어요. 이들은 탄광이나 공사장, 군수 공장 등 위험한 작업장에 배치되어 제대로 먹지도 못한 채 노예처럼 혹사당하거나 목숨을 잃기도 했지요. 이렇게 힘든 노동에 시달렸지만 임금을 제대로 받지 못했답니다.

또 일본은 여성들도 전쟁에 동원했어요. '정신대'라는 이름으로 끌려간 여성들은 군수 공장에서 집단적으로 강제 노동을 해야 했어요. 그리고 이들 중 일부는 군대 위안부로 끌려가 인권까지 빼앗긴 고통스러운 생활을 강요받았어요.

일본 왕이 사는 궁성을 향해 절하는 모습

무기를 만들기 위한 쇠붙이 공출

일본은 우리의 민족의식을 없애고 한국인을 전쟁에 동원하려고 했단다.

일본이 식민 통치의 경제 기반을 마련하다

우리나라의 국권을 빼앗은 일본은 본격적으로 수탈에 나섰어요. 그중 가장 중심으로 삼았던 것은 토지 수탈이었지요. 일본은 근대적인 토지 소유권을 마련하겠다고 떠들면서 토지 조사 사업을 벌였어요. 하지만 실제로는 토지세를 확실하게 거둘 수 있는 기초를 만들어 우리나라를 지배하는 데 필요한 재정을 마련하는 것이 목적이었지요.

일본은 토지 조사 사업에서 해당 토지가 '나의 것'임을 신고하면 조사하여 법적으로 권리를 인정해 주고, 토지의 가격을 조사하여 공식적으로 토지의 가격을 결정하겠다고 했어요. 하지만 신고 기간이 짧고 절차가 까다로워서 기한 내에 신고하지 못하는 경우가 많았어요. 또 일부 농민들은 반일 감정으로 아예 신고하지 않았어요. 그런데 신고하지 않은 토지, 왕실과 국가 소유의 토지, 마을 사람들이 공동으로 이용하는 땅 등 주인을 분명하게 밝힐 수 없는 토지는 모두 조선 총독부 소유가 되었어요. 이때 총독부가 차지한 토지가 전 국토의 40% 정도였어요. 총독부는 이 토지를 동양 척식 주식 회사나 한국으로 이주해 온 일본인에게 싼값으로 넘겼답니다. 동양 척식 주식 회사는 일본이 1908년에 한국의 경제를 독차지하기 위해 한국 내 설립한 국가 기관의 성격을 가진 회사였

동양 척식 주식 회사

어요. 이 회사는 주로 한국인의 토지를 강제로 사들였고, 높은 소작료를 받고 토지를 빌려 주는 일을 했어요. 농민들은 토지 주인에게 비싼 사용료를 내고 농사를 지어야 했지요. 이전보다 비싼 토지 사용료와 세금 부담 때문에 생활은 더욱 어려워졌어요. 토지를 빼앗긴 농민들 중 일부는 국경을 넘어 간도로 건너갔어요.

1920년대 들어 일본은 우리나라에서 쌀의 생산량을 늘리려는 계획을 세웠어요. 이것을 산미 증식 계획이라고 해요. 당시 일본에서는 산업화가 급속하게 진행되면서 농촌 인구가 줄어 식량 부족 문제가 심각했어요. 이런 문제를 해결하기 위해 일본은 우리 농촌에 저수지와 수로를 만들고 새로운 품종을 심도록 했지요. 그리고 많은 비료를 사용하게 했어요. 그 결과 쌀 생산량은 조금 늘어났어요. 하지만 일본은 늘어난 양보다 더 많은 양의 쌀을 일본으로 가져갔어요. 그래서 우리의 식량 사정은 더욱 어려워졌어요.

한편 일본은 우리나라에 회사를 설립할 때 조선 총독부의 허가를 받아야 한다는 법을 만들었어요. 한국인의 기업 활동을 막고 민족 자본의 성장을 막는 것이 목적이었어요. 그런데 얼마 지나지 않아 일본은 이 법을 폐지하고 간단하게 신고만 하면 회사를 설립할 수 있다고 발표했지요. 일본 사람들이 우리나라로 건너와 쉽게 회사를 설립해 많은 이익을 가져갈 수 있게 만들어 주기 위한 것이었어요.

1930년대 들어서 일본이 만주 사변과 중·일 전쟁을 일으키면서 경제 상황은 더욱 나빠졌고, 우리 민족은 일본의 침략 전쟁에 강제 동원되어 막대한 피해를 입었어요.

독립 만세 소리가 전국에 울려 퍼지다

"우리 민족의 운명은 우리가 결정한다"

1919년 3월 1일, 탑골 공원에서 만세 소리가 힘차게 터져 나왔어요. 만세를 부르는 사람들은 점점 늘어나 만세의 함성이 전국 방방곡곡에 울려 퍼졌답니다. 바로 3·1 운동이 시작된 것이지요. 우리 민족은 왜 만세 운동을 벌였을까요?

제1차 세계 대전이 끝난 후 미국의 대통령 윌슨은 민족 자결주의 원칙을 제시했어요. 민족 자결주의는 '어느 나라 민족이든 그 나라의 운명은 그 민족 스스로 결정할 권리가 있다'는 것이었어요. 이 내용에 따르면 일본의 식민 지배에서 벗어나 우리 민족 스스로 독립 국가를 세울 수 있다는 것이지요. 하지만 이 주장은 전쟁에서 패배한 독일, 오스트리아 등이 지배한 식민지에만 적용되었어요. 당시 일본은 영국, 프랑스와 같이 제1차 세계 대전에서 승리한 나라 가운데 하나였기 때문에 그 지배를 받고 있던 우리나라에는 이 원칙이 적용되지 않았어요. 그렇지만 민족 자결주의의 영향을 받은 많은 식민지가 독립을 위한 활발한 운동을 벌였어요. 우리 민족도 독립할 만한 지혜와 능력을 가졌다는 것을 세계 여러 나라에 보여 줄 필요가 있었지요. 그래서 3·1 운동을 계획했어요.

3·1 운동의 민족 지도자 손병희

"대한 독립 만세, 대한 독립 만세"

3·1 운동은 처음에 종교계 인사들과 학생들이 준비했어요. 천도교 대표 손병희와 기독교 대표 이승훈 등이 중심이 되었고, 불교 대표 한용운이 힘을 합쳐 33인의 민족 대표를 구성했지요.

민족 대표는 주요 도시에서의 만세 운동도 계획했어요. 그리고 학생들은 종교계 인사들과 힘을 합쳐 만세 운동을 준비했어요. 날짜는 3월 1일로 정해졌어요. 고종의 장례식이 3월 3일 치러질 예정이었기 때문에 3월 1일에는 전국에서 많은 사람들이 서울로 올 것이라고 예상했어요. 만세 운동을 시작하면 많은 사람들이 참여할 수 있다고 생각한 것이지요.

1919년 3월 1일, 독립 선언서가 시내 곳곳에 뿌려졌고, 탑골 공원은 학생과 시민들로 가득 찼어요. 민족 대표가 와서 독립 선언서를 읽어 주기를 기다리고 있었지요. 하지만 민족 대표들은 태화관에 모여 독립 선언서를 낭독한 후, 스스로 총독부에 전화해 체포되었지요. 운동이 폭력적으로 변하는 것을 걱정했기 때문이에요. 결국 오지 않는 민족 대표를 대신해서 한 청년이 단상으로 올라가 독립 선언서를 읽었어요.

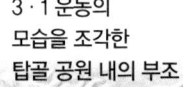

3·1 운동의 모습을 조각한 **탑골 공원 내의 부조**

학생과 시민들은 품속에 숨겨 둔 태극기를 꺼내 "만세"를 외쳤지요.

만세 운동은 서울을 비롯하여 평양, 의주, 원산 등지에서 평화적으로 이루어졌어요. 청년, 학생, 교사 그리고 도시의 상인과 노동자들이 시위에 적극 참여했지요. 특히 청년이나 학생들은 시위가 다른 지역으로 퍼지는 데 큰 역할을 했어요. 만세 시위는 농촌이나 산간 마을까지 퍼졌어요.

일본은 우리 민족의 평화적인 만세 시위를 총칼을 동원해 잔인하게 진압했어요. 그들의 탄압과 보복이 얼마나 잔인했는지는 '제암리 사건'을 통해 알 수 있어요. 1919년 4월 15일, 일본 경찰은 만세 운동이 일어났던 경기도 화성 제암리에 도착해 마을 사람 30여 명을 제암리 교회에 모이게 했어요. 주민들이 교회 안으로 들어가자 문을 모두 잠그고 마구 총을 쏘아 죽였지요. 이런 끔찍한 일은 여러 곳에서 일어났답니다. 하지만 우리 민족의 만세 운동은 멈추지 않고 나라 밖에서도 계속되었어요.

궁금해요! 태극기는 언제 만들어졌나요?

3·1 운동 때 사람들은 품속에서 태극기를 꺼내 힘차게 흔들었어요. 사람들의 손에 들려 있던 태극기는 언제 만들어졌을까요? 태극기가 처음 만들어진 것은 1882년이었어요. 흰 사각형의 천 한가운데에 우리의 전통 문양인 태극을 그려 넣고, 그 주위를 팔괘로 둘렀지요. 1882년 박영효가 임오군란으로 인해 생긴 조선과 일본 사이의 문제를 논의하기 위해 일본에 갔을 때 태극기를 우리 배에 처음 내걸었다고 해요. 그리고 이때부터 태극기가 우리나라의 공식적인 국기로 사용되었답니다.

박영효가 제작한 태극기

일제 강점기

대한민국 임시 정부를 세우다

상하이에 임시 정부를 세우다

1910년에 국권을 빼앗긴 이후 우리 민족의 가장 큰 소망은 독립이었어요. 3·1 운동이 일본의 무자비한 폭력으로 짓밟힌 뒤 민족 지도자들은 독립운동을 더욱 효과적으로 추진할 정부가 필요하다고 느꼈지요. 이들은 힘을 합쳐 중국 상하이에 대한민국 임시 정부를 만들고 대통령에 이승만을, 국무총리에 이동휘를 선출했어요.

그런데 왜 우리나라의 정부를 상하이에 두었을까요? 일본이 독립운동을 철저히 감시하고 탄압해서 독립운동가들이 국내에서 활동하기 매우 어려웠기 때문이에요. 당시 중국 상하이에는 다른 나라의 외교관이 많이 모여 있었기 때문에 임시 정부가 외교 활동을 통해 독립운동을 펼치기에 유리한 점이 많았어요. 또 상하이에는 서양의 여러 나라가 그들의 행정·경찰권을 행사할 수 있는 지역이 설정되어 있어 일본의 간섭이 적었어요. 그래서 독립운동가들이 그나마 편하게 활동할 수 있었지요.

임시 정부 신년 축하 기념
1921년에 임시 정부에 참여한 사람들이 새해를 맞아 촬영한 사진이에요.

임시 정부가 독립운동을 이끌다

　대한민국 임시 정부는 연통제와 교통국이라는 비밀 행정 조직망을 갖추고 있었어요. 연통제는 나라 안팎의 독립운동을 지도하고 감독하기 위해 설치한 비밀 행정 조직이었어요. 그리고 교통국은 통신 기관으로 정보 수집, 분석, 교환, 연락의 업무를 담당했어요. 우리 민족은 임시 정부를 통해 독립운동을 조직적으로 펼칠 수 있게 되었지요.

　하지만 임시 정부는 시간이 지나면서 점차 활동하는 데 어려움을 겪었어요. 특히 국내와 상하이를 연결해 주던 연통제와 교통국의 존재가 일본에 드러나면서 활동이 더욱 힘들어졌지요. 그리고 임시 정부가 힘썼던 외교 활동이 성과를 거두지 못하면서 일부 사람들이 임시 정부를 떠나기도 했답니다. 하지만 끝까지 임시 정부를 지켜 나간 사람이 있었는데, 바로 김구였어요. 김구는 한인 애국단을 조직해 이봉창, 윤봉길의 의거를 통해 임시 정부가 여전히 살아 있으며, 활발하게 독립운동을 전개하고 있음을 세계에 알렸답니다.

상하이의 임시 정부 청사

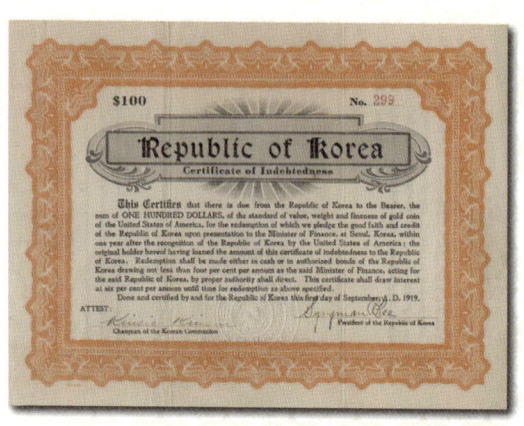

임시 정부가 독립운동 자금을 마련하기 위해 발행한 독립공채

임시 정부가 고난의 여정을 가다

1930년대 일본군이 상하이를 점령하고 윤봉길이 의거를 일으킨 후 일본의 탄압이 심해져 임시 정부는 상하이에 더는 머물 수 없었어요. 그래서 중국의 국민당과 함께 새로운 근거지를 찾아 상하이를 떠나 이동하기 시작했지요. 항저우, 광저우 등을 거쳐 마침내 1940년에 충칭에 정착했어요. 그리고 김구를 주석으로 하는 강력한 지도력을 가진 정부로 새롭게 출발했어요.

8·15 광복 후 귀국한 임시 정부 요인과 김구

일제 강점기

독립군이 일본군을 크게 무찌르다

독립군이 봉오동과 청산리에서 승리하다

3·1 운동 이후 만주와 연해주 지역에서는 수많은 독립운동 단체가 활약했어요. 이들 단체에 소속된 독립군 부대는 종종 국경을 넘어 국내로 들어와 일본의 군부대나 식민 통치 기구를 공격했지요.

1920년 6월에 홍범도가 이끌던 독립군 부대가 만주 봉오동 일대에서 일본군과 싸워 거둔 승리는 독립군의 사기를 크게 끌어 올렸어요. 이 전투에서 독립군은 4명이 죽고, 2명이 다쳤지만, 일본군은 무려 157명이 죽고 200여 명이 다쳤지요.

일본은 봉오동 전투의 패배로 분해서 견딜 수가 없었어요. 그래서 2만여 명의 군대를 만주 일대로 보냈지요. 독립군은 일본의 공격을 예상하고 새로운 기지를 찾아 이동하고 있었어요. 그리하여 청산리 지역에 도착했는데, 이곳은 산세가 험하고 나무가 울창하여 게릴라전을 벌이기 안성맞춤이었어요. 드디어 김좌진이 이끄는 북로 군정서군과 홍범도가 이끄는 대한 독립군을 비롯한 여러 부대가 청산리 지역에서 일본군과 격전을 벌였어요. 총 6일간 10여 차례에 걸친 치열한 전투 끝에 독립군이 일본군을 크게 이겼어요. 일본군은 1,200여 명이나 죽었지만, 독립군은 100여 명이 전사했을 뿐이지요. 청산리에서 큰 승리를 거두었다고 하여 이를 청산리 대첩이라고 해요. 이는 독립군이 일본군과 싸워 이긴 승리 가운데 가장 빛나는 승리였지요.

한마음 한뜻으로 독립 전쟁을 벌이다

무기와 병력에서 일본과 상대가 되지 않는 독립군은 어떻게 청산리 전투에서 큰 승리를 거둘 수 있었을까요? 바로 목숨을 아끼지 않는 독립군의 투쟁이 있었기 때문이에요. 그리고 청산리 주변의 험준한 지형을 적절히 이용한 지휘관의 지도력과 우리 동포들의 헌신적인 지원이 있었기 때문에 가능했던 일이지요. 만주에 살고 있던 동포들은 어려운 생활에도 독립군에게 무기를 마련할 군자금과 식량, 옷 등을 지원해 주었어요. 직접 밥을 지어 독립군을 격려하는 사람들도 있었지요. 당시 청산리 대첩에서 큰 공을 세웠던 이범석이 쓴 〈우둥불〉에 보면 독립군을 지원하는 우리 민족의 모습이 잘 나타나 있어요.

"교전은 아침부터 저녁까지 계속되었다. 굶주림! 그러나 이를 의식할 시간도 먹을 시간도 없었다. 마을 아낙네들이 치마폭으로 밥을 싸서 빗발치는 총알 사이를 뚫고 산에 올라와 한 덩이 두 덩이 동지들의 입에 넣어 주었다. …… 얼마나 성스러운 사랑이며, 고귀한 선물이랴! 그 사랑 갚으리, 우리의 뜨거운 피로! 기어코 보답하리, 이 목숨 다하도록! 우리는 이 산과 저 산으로 모든 것을 잊은 채 뛰고 달렸다."

청산리 항일 대첩 기념비

전투 직후 승리를 기념한 사진

일본이 간도 참변을 일으키다

일본은 독립군을 토벌하려고 안간힘을 썼어요. 만주와 연해주에 있는 동포들이 독립군을 도와준다는 사실을 알게 되자, 일본군은 만주 지역 중에서도 우리 동포들이 많이 살고 있던 간도 지역을 공격했어요. 그들은 독립군을 도와줄지도 모른다며 죄 없는 우리 동포들의 집과 학교를 불태웠어요. 독립군의 기반을 무너뜨리려고 한 것이지요. 이 때문에 간도 지역에 살고 있던 수많은 우리 동포들이 목숨을 잃는 안타까운 사건이 일어났어요. 이를 간도 참변이라고 해요.

독립군 부대는 일본의 대규모 토벌 작전에 맞서 싸우기도 하고, 더러는 습격을 받아 쫓기기도 했어요. 몇몇 독립군 부대는 일본군의 손이 미치지 않는 러시아의 시베리아 등지로 근거지를 옮기기도 했답니다.

인물 이야기

청산리 대첩의 영웅, 김좌진

청산리 대첩을 이끈 김좌진은 충청남도 홍성의 부잣집에서 태어났어요. 하지만 김좌진은 여느 부자와는 달랐어요. 15살에 재산을 집안의 노비들에게 나누어 주었고, 넓은 집은 학교로 쓰게 했지요. 김좌진은 신문사의 이사가 되기도 하고 중학교의 교감을 하기도 했어요.

1910년에 우리나라가 일본의 식민지가 되자 언론 운동과 교육 운동으로 나라를 구하는 데 한계가 있다고 생각했어요. 그래서 김좌진은 만주로 가서 군대를 이끌고 일본군과 싸웠지요. 하지만 안타깝게도 1930년 젊은 나이에 암살당하여 생을 마감했지요.

일제 강점기

일본 고위 관리와 친일파를 처단하다

의열 투쟁을 벌이다

3·1 운동 이후 독립운동가들 가운데에는 더욱 강력한 방법으로 일본에 저항할 것을 주장하는 사람들이 있었어요. 일본을 몰아내기 위해서는 일본의 고위 관료들을 죽이고, 식민 지배 기관을 파괴해야 한다고 주장한 것이지요. 이러한 활동을 의열 투쟁이라고 해요. 1919년에 김원봉이 만주에서 조직한 의열단과 1931년에 김구가 조직한 한인 애국단이 대표적인 의열 투쟁 단체였어요.

의열단은 조선 총독부, 동양 척식 주식 회사 등 일본의 주요 기관을 파괴하는 계획을 세웠어요. 또 조선 총독부의 높은 관리, 친일파의 우두머리 등을 처단하려고 했어요. 의열단원들은 죽음도 두려워하지 않고 의열 투쟁을 전개했지요.

조선 총독부는 일본의 식민 통치 최고 행정 관청이었단다. 우리 민족의 저항의 대상이기도 했지.

대한민국 수립 이후 정부 청사, 박물관으로 사용되었다가 1995년에 일제 잔재 청산을 위해 철거되었지.

조선 총독부

의열단의 주요 활동

- 1920년 조선 총독부 폭파 시도
  박재혁, 부산 경찰서에 폭탄 던짐
  최수봉, 밀양 경찰서에 폭탄 던짐
- 1921년 김익상, 조선 총독부에 폭탄 던짐
- 1923년 김상옥, 종로 경찰서에 폭탄 던짐
  김지섭, 간토 대지진 때 일본인들이 한국인에 대해
  저지른 만행에 대한 보복으로 일본 왕궁에 폭탄 던짐
- 1926년 나석주, 조선 식산 은행과 동양 척식 주식 회사에 폭탄 던짐

김상옥

김원봉

1920년 박재혁과 최수봉, 1926년 나석주에 이르기까지 많은 사람들이 자신의 목숨을 바쳐 일본의 지배에 맞섰답니다.

하지만 시간이 흐르면서 의열단은 이러한 활동만으로 나라를 독립시킬 수 없다고 생각했어요. 그래서 김원봉은 군대를 만들어야 한다고 생각하고 이를 지휘할 군관을 키우기 위해 많은 단원들을 중국의 황포 군관 학교에서 훈련받게 했지요. 그리고 1930년대 초반에 한국인을 위한 조선 혁명 간부 학교를 세워 군사 훈련에 힘썼어요.

한인 애국단이 활약하다

1920년대 중반 이후 대한민국 임시 정부는 일본의 집요한 감시와 탄압, 그리고 내부 인사들의 분열로 활동이 크게 어려워졌어요. 그러자 임시 정부를 이끌고 있던 김구는 한인 애국단이라는 새로운 단체를 조직해 임시 정부에 활기를 불어 넣으려고 했어요.

1932년에 한인 애국단 소속이었던 이봉창은 도쿄에서 일본 국왕이 탄 마차에 폭탄을 던졌지만 실패하고 체포되었지요. 그러나 이 사건을 계기로 반일 감정을 가지고 있던 중국인들은 한국인에 대해 호감을 갖게 되었어요. 당시 중국의 언론이 이 사건에 대해 '불행히도 명중되지 않았다.'는 표현을 썼지요. 그러자 일본은 이 표현을 꼬투리 잡아 상하이를 침범해 점령했어요.

또 다른 한인 애국단원이었던 윤봉길은 일본군이 상하이 점령을 축하하기 위해 홍커우 공원에서 개최한 행사에 참석한 일본군의 주요 인물들에게 폭탄을 던졌어요. 이때 단상에 있었던 많은 일본군 고관들이 목숨을 잃었지요.

의거 직전 윤봉길 의사의 모습과 의거 현장비

윤봉길은 그 자리에서 일본 헌병에게 체포되어 이후 재판에서 사형을 선고받았어요.

이봉창과 윤봉길의 의거 소식은 우리 민족뿐 아니라 중국 국민들에게도 단비와 같은 소식이었어요. 당시 중국의 국민당을 이끌던 장제스는 "중국의 1억 인구가 해내지 못한 일을 한국의 한 청년이 해냈다."고 감탄했을 정도였으니까요. 이 사건을 계기로 중국 국민당은 김구가 이끄는 대한민국 임시 정부를 적극적으로 지원해 주었어요. 이러한 중국의 지원은 1940년 한국 광복군이 만들어지는 밑거름이 되었답니다.

궁금해요! 4억 중국인을 부끄럽게 한 윤봉길의 의거

태극기 아래 바른 기운은 무지개처럼 빛나네
(조선에는) 군자가 많다 해도 3000만인데
봄날 상하이 황포 강변에서 거대한 폭탄으로 적을 섬멸하니
우리 4억 중국인을 부끄럽게 하는구나

위의 시는 '국기 아래의 윤봉길 의사'라는 제목의 시입니다. 누가 썼는지는 알려지지 않았지만 당시 중국인들이 윤봉길 의사의 의거를 어떻게 생각하고 있었는지를 잘 보여 줍니다.

광주 학생 항일 운동이 일어나다

　1929년 10월 전라도 광주에서 나주로 가는 통학 기차 안에서 사소한 다툼이 일어났어요. 일본 남학생이 우리나라 여학생의 댕기머리를 잡아당기며 놀리는 것을 본 우리나라 학생과 일본 학생 사이에 싸움이 벌어졌어요. 이 싸움이 커지자 경찰은 일본 학생들이 유리하도록 사건을 처리했고, 한국인 학생들만 벌을 받게 되었지요.

　이 사건으로 한국인 학생들의 감정이 좋지 않은 가운데 11월 3일이 되었어요. 11월 3일은 일본 국왕의 생일이었어요. 생일 축하 행사에 동원된 학생들은 일본 국가인 기미가요 제창에 침묵으로 저항하고, 신사 참배도 거부했어요. 행사가 끝난 뒤 돌아가는 한국인 학생들에게 일본인 학생들이 또다시 시비를 걸어 충돌이 일어났고 사태가 커졌지요.

　이후 광주 지역의 학생들이 서로 연합하여 시위를 벌였어요. 학생들은 거리에서 '민족 차별 중지!', '식민지 노예 교육 제도 철폐!', '조선인 본위의 교육 제도 확립!' 등을 주장했고, 시위는 전국으로 퍼졌어요. 전국 각지의 보통학교, 중등학교, 전문학교 등 194개 학교와 5만 4,000여 명의 학생들이 시위에 참가했다고 해요. 이것은 3·1 운동 이후 최대의 민족 운동으로 발전했지요.

　이 운동이 전국적인 민족 운동으로 발전한 데에는 신간회의 활약이 컸어요. 신간회는 1927년에 민족 운동가들이 서로의 생각이 다르지만 한데 모여 조직한 최대의 민족 단체였답니다.

민족 문화 수호를 위해 힘쓰다

국권을 빼앗아 간 일본은 한국인을 일본인으로 만들기 위해 여러 가지 정책들을 만들었어요. 학교에서는 우리말 대신 일본어를 가르쳤고, 우리 역사를 자기들에게 유리하도록 거짓으로 꾸며 가르쳤지요. 또 한글을 사용하지 못하게 하고 이름도 일본식으로 바꾸도록 강요했어요. 이와 같은 일본의 정책들을 민족 말살 정책이라고 해요. 그렇다면 이러한 정책에 맞서 민족의 혼을 지키기 위해 우리 민족은 어떤 노력을 했을까요?

그 시작은 바로 국학 운동이었어요. 국학 운동이란 우리나라의 학문을 연구하는 움직임이었어요. 다른 민족은 가지고 있지 않은 우리 민족만이 가진 우리의 학문은 바로 말과 역사지요.

우리말 큰사전 초고본

한글의 아버지 주시경에게 영향을 받은 이윤재와 최현배 등은 1921년 조선어 연구회라는 단체를 만들었어요. 이 단체는 한글을 정확하게 연구하고, 강습회를 개최하는 등 한글 보급에 앞장섰지요. 그리고 '가갸날'을 만들었는데, 이것이 현재의 '한글날'이 되었지요. 이어 1931년에는 조선어 학회가 결성되었어요. 이 단체는 한글의 외래어 표기법과 문법을 연구하여 '한글 맞춤법 통일안'을 만들었어요.

이것이 오늘날 우리가 사용하고 있는 한글 맞춤법의 기본이지요. 또 이를 바탕으로 〈우리말 큰사전〉을 준비했어요. 하지만 이러한 활동을 못마땅하게 여긴 일본이 훼방을 놓아 결국 사전은 완성되지 못했고, 편찬 작업은 광복 이후로 넘어가게 되었답니다.

일제 강점기에는 '식민 사관'이라는 것이 있었어요. '사관'이라는 것은 '역사를 보는 관점'이라는 뜻인데, 일본이 우리 민족의 좋지 않은 점을 크게 부풀려 거짓으로 만들어낸 역사 관점을 '식민 사관'이라고 해요. 예를 들면 일본은 우리나라가 영토의 한 쪽이 대륙에 붙어 있고, 삼면이 바다로 둘러싸인 반도국이기 때문에 늘 대륙의 지배를 받아 타율적이라고 했어요. 또 우리나라의 발전은 일본보다 약 1000년 정도 뒤쳐져 있고, 우리 힘으로는 부강할 수 없으므로 일본의 지배를 받아야 한다고 주장했지요. 일본은 이러한 식민 사관을 만들어 한국사를 왜곡했고, 일본의 침략을 정당화하는 데 이용했어요.

일본의 한국사 왜곡에 맞서 민족 운동을 벌인 박은식은 〈한국통사〉와 〈한국 독립운동지혈사〉 등 일본의 우리나라 침략 과정과 이에 맞서 전개된 민족 운동에 관한 책을 많이 썼어요. 이를 통해 우리 민족이 독립에 대한 의지를 잃지 않도록 했어요. 그리고 신채호는 을지문덕, 이순신 등 영웅의 전기를 많이 써 우리 민족에게 용기를 주었을 뿐 아니라 고구려, 발해 등 고대사에 대한 역사책을 써 민족의 우수성을 알렸지요.

신채호

한국 광복군을 창설하다

한국 광복군

대한민국 임시 정부는 1940년에 중국 충칭에서 중국 정부의 지원을 받아 임시 정부에 소속된 군대인 한국 광복군을 창설했지요. 총사령관은 1930년대 독립군을 이끌고 만주 벌판을 주름잡았던 지청천이 맡았어요.

1941년에 일본이 미국의 진주만을 공격하면서 태평양 전쟁을 일으켰어요. 이때 임시 정부는 일본에 전쟁을 선포하고 한국 광복군을 참가시켰지요.

한국 광복군은 직접 전투에 참가하기보다는 일본군 포로를 심문하거나 암호를 해석하는 일을 주로 맡았답니다. 1943년 가을에는 영국군의 요청으로 한국 광복군이 미얀마, 인도에 가서 일본인 포로를 심문하는 등 여러 활동을 벌였지요.

1945년에 접어들면서 일본의 패망이 짙어졌어요. 임시 정부는 독립 국가를 세우려면 우리의 힘으로 일본을 항복시켜야 한다고 생각했어요. 그래서 한국 광복군은 미국의 도움으로 특수 훈련을 받아 국내로 침투해 일제의 주요 기관을 파괴하고 일본군을 몰아내기 위한 준비를 했어요. 그러나 이 작전은 미국이 일본에 원자 폭탄을 떨어뜨려 일본이 갑자기 항복 선언을 하는 바람에 아쉽게 실행에 옮겨지지 못했답니다.

4장 대한민국

희망 속에서 8·15 광복을 맞았지만 우리 민족은 염원한 새로운 통일 국가를 건설하지 못하고, 미국과 소련의 틈바구니에서 남과 북으로 나뉘어 다투었어요. 결국 1950년에 6·25 전쟁이 일어나 같은 민족끼리 총부리를 겨누는 안타까운 일까지 일어났지요.

하지만 우리나라 사람들은 분단의 아픔을 가슴에 묻고 다시 서기 위해 많은 노력을 기울였어요. 4·19 혁명, 5·18 민주화 운동, 6월 민주 항쟁을 거치며 우리나라 민주주의는 크게 성장했지요. 또한 경제도 눈부시게 발전해 이제 우리나라는 세계적인 경제 대국으로 자리 잡아 가고 있어요.

그러나 우리에게는 크나큰 과제가 하나 남아 있지요. 바로 우리 민족이 하나의 국가로 통일을 이룩하는 일이랍니다.

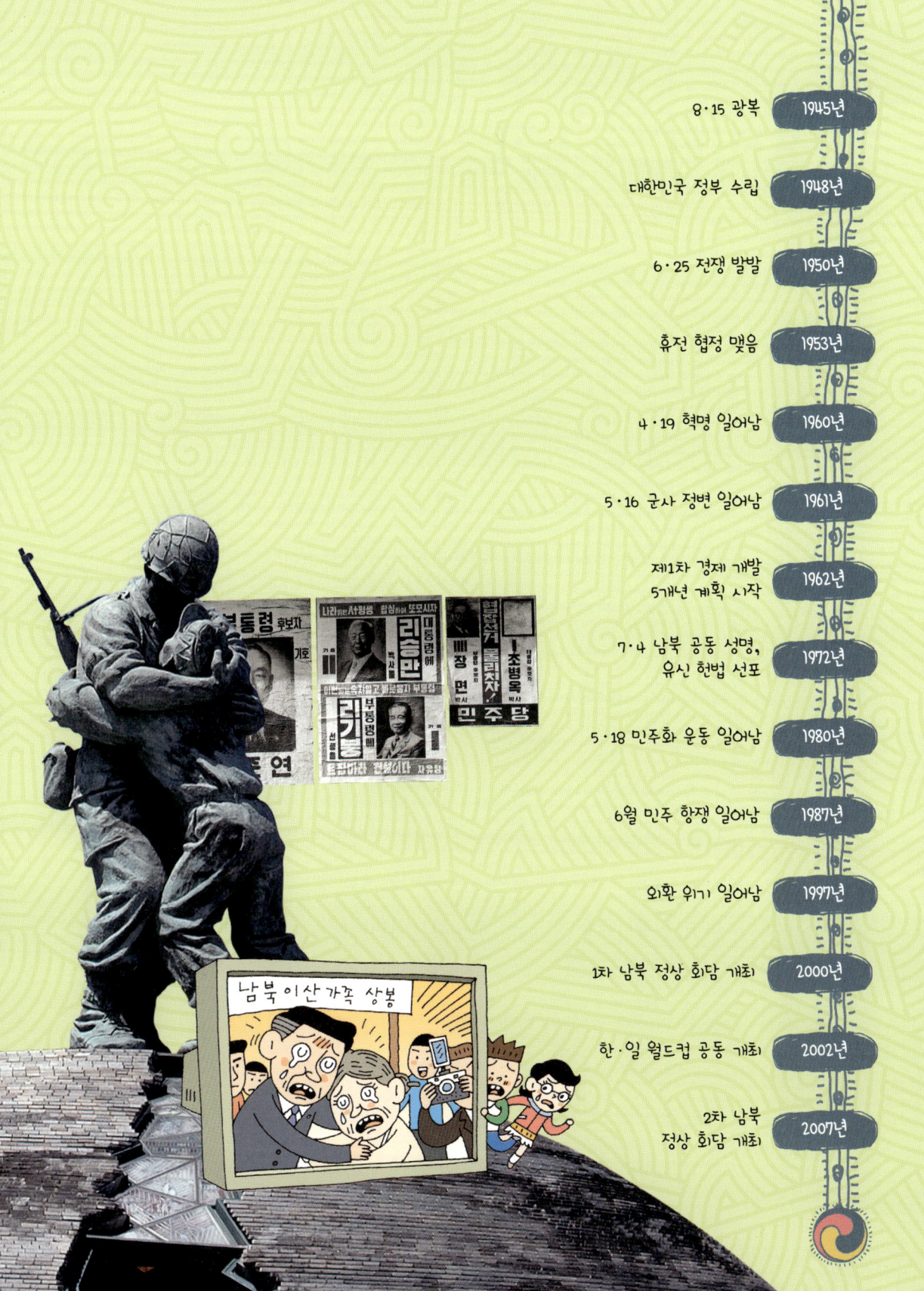

8·15 광복	1945년
대한민국 정부 수립	1948년
6·25 전쟁 발발	1950년
휴전 협정 맺음	1953년
4·19 혁명 일어남	1960년
5·16 군사 정변 일어남	1961년
제1차 경제 개발 5개년 계획 시작	1962년
7·4 남북 공동 성명, 유신 헌법 선포	1972년
5·18 민주화 운동 일어남	1980년
6월 민주 항쟁 일어남	1987년
외환 위기 일어남	1997년
1차 남북 정상 회담 개최	2000년
한·일 월드컵 공동 개최	2002년
2차 남북 정상 회담 개최	2007년

한반도가 남북으로 갈라지다

한반도에 미군과 소련군이 진주하다

　1945년 8월, 제2차 세계 대전은 거의 막바지에 이르렀어요. 일본과 동맹을 맺고 영국, 프랑스, 미국 등 연합군 세력과 싸우던 독일은 이미 5월에 항복을 했지요. 이제 일본만 남은 상태에서 미국은 전쟁을 빨리 끝내려고 했어요. 그래서 나가사키와 히로시마에 원자 폭탄을 떨어뜨렸지요. 1945년 8월 15일에 일본 국왕 히로히토는 떨리는 목소리로 무조건 항복을 선언했어요. 마침내 우리나라에 광복이 찾아온 것이에요.

　그러나 광복의 기쁨은 잠시였어요. 한반도에 미군과 소련군이 들어와 간섭하기 시작했어요. 왜 이렇게 된 것일까요?

　연합군은 이미 1943년에 있었던 카이로 회담에서 우리나라를 독립시키기로 결정했어요. 하지만 즉시 독립이 아닌 '적절한 시기'에 독립시킨다는 것이었지요. 또 우리나라는 제2차 세계 대전에 참전하지 못했기 때문에, 패전국 일본의 식민지일 뿐이었어요. 이러한 상황이 올지도 모른다고 생각한 대한민국 임시 정부는 한국 광복군을 국내로 보내 일본 세력을 직접 몰아내고자 계획했던 것이지요. 그런데 이 계획이 실현되지 못해 미국과 소련이 한반도의 앞날을 결정하게 된 것이랍니다. 미국은 소련에게 38도선의 북쪽은 소련이, 38도선의 남쪽은 미국이 통치하자고 제안했어요. 소련은 이 제안을 받아들였지요. 결국 우리나라는 광복과 동시에 미국과 소련의 간섭을 받게 되었어요.

신탁 통치 문제로 좌익과 우익이 대립하다

1945년 12월에 미국, 영국, 소련의 외무 장관이 모스크바에 모여 회의를 했어요. 이 회의에서는 우리나라에 새로운 임시 정부를 수립하되 미국, 영국, 소련, 중국이 최고 5년 동안 대신 통치하는 '신탁 통치'를 하기로 결정했어요. 신탁 통치 결정 소식을 듣고, 우리나라 사람들은 크게 반대했어요. 특히 우익 세력이 격렬하게 반대했지요. 대한민국 임시 정부의 주석이었던 김구도 신탁 통치 반대 운동에 나섰어요. 신탁 통치는 또다시 식민지 상태로 돌아가는 것이라고 생각했기 때문이에요.

좌익 세력도 처음에는 신탁 통치를 반대했지만, 임시 정부를 수립하는 데 의미가 있다고 보고 결정 내용에 찬성하는 입장으로 돌아섰어요. 그래서 우리나라 사람들은 신탁 통치를 놓고 갈라져 심하게 다투었지요.

좌익, 우익은 1789년 프랑스 혁명 당시 상황에서 나온 말이란다. 시간이 지나면서 이것을 구분하는 기준이 바뀌었고, 또 나라마다 기준이 다르지. 그런데 광복 당시 우리나라에서도 좌익과 우익이라는 말을 사용했어. 그때 좌익은 공산주의를 지지하는 세력, 우익은 공산주의자가 아니거나 공산주의에 반대하는 세력을 가리키는 말이었단다.

의견 대립 때문에 독립 정부를 수립하는 데 어려움이 컸지.

의견을 표현하는 열의는 대단했네요.

신탁 통치 반대 시위

대한민국 정부를 수립하다

미국과 소련은 모스크바 3국 외무 장관 회의의 결정에 따라 한반도에 새로운 정부를 만드는 일을 논의하기 위해 미·소 공동 위원회를 열었어요. 그렇지만 미국과 소련은 서로 자기들에게 유리한 정부를 만들기 위해 자신들의 주장만 내세웠지요. 결국 미·소 공동 위원회는 아무런 성과 없이 끝났고, 정부를 세우는 문제는 유엔으로 넘어갔어요. 유엔에서는 남북한의 총선거 실시를 결정했어요. 하지만 북한에서는 이에 반대했지요.

1948년 5월 10일, 남한에서는 단독으로 선거가 치러져 국회가 구성되었어요. 이어 국회는 7월 17일에 헌법을 공포했지요. 그리고 8월 15일에 이승만을 대통령으로 하는 대한민국 정부가 수립되었어요.

남한의 정부 수립 소식을 들은 북한도 최고 인민 회의의 선거를 실시하고, 같은 해 9월 9일에 김일성을 수상으로 하는 조선 민주주의 인민 공화국을 선포했어요. 결국 남과 북에는 서로 다른 정부가 세워졌지요. 우리 민족이 광복을 맞긴 했지만, 남과 북으로 갈라지게 된 것은 참으로 안타까운 일이랍니다.

우리나라 최초의 국회의원 선거(1948)

대한민국 정부 수립

6·25 전쟁이 일어나다

북한이 기습 남침하다

1948년 남한과 북한에 각각 정부가 들어선 후 미군과 소련군은 한반도에서 철수했지만, 국군과 북한군은 38도선을 사이에 두고 서로 대치하면서 충돌하기도 했어요. 1950년 1월, 미국의 국무 장관 애치슨은 미국의 태평양 방위선에서 우리나라와 타이완을 제외한다고 발표했어요. 이 소식은 남한을 침략하려고 준비하고 있던 북한의 김일성이 결심을 굳히는 계기가 되었어요. 김일성은 중국과 소련을 차례로 찾아가 전쟁을 일으키면 북한을 도와달라고 요청했지요.

1950년 6월 25일 새벽, 북한군은 38도선을 넘어 남한에 쳐들어왔어요. 북한군은 전쟁을 시작한 지 불과 3일 만에 서울을 점령했어요.

서울에 들어온 북한군

피난을 떠나는 사람들

인천 상륙 작전으로 전세를 뒤집다

남한의 이승만 대통령은 북진 통일을 주장하고 있었지만 전쟁에 대한 대비는 하지 않았기 때문에 속수무책으로 당할 수밖에 없었어요. 북한군이 쳐들어오자 이승만은 27일에 몰래 대전으로 피신하고는, 국민들에게 국군이 적을 잘 물리치고 있으며, 대통령도 서울을 지킬 것이라는 거짓 방송을 계속 내보냈지요. 고위 공무원, 군인, 경찰 등도 재빨리 남쪽으로 피신했어요. 28일에 한강 다리가 폭파되는 바람에 많은 사람들이 피난을 가지 못했지요. 하지만 이승만은 다시 부산으로 피신했어요. 그러고는 유엔군 사령관 맥아더에게 한국군의 작전권을 넘겨 주었어요.

9월 15일에 유엔군이 인천 상륙 작전을 폈어요. 이 작전으로 전쟁의 전세가 바뀌었어요. 북한군은 경상남도까지 밀고 내려왔지만 이미 그 힘은 꺾였지요. 국군은 유엔군의 도움으로 서울을 되찾았어요. 그리고 평양을 차지하고 압록강 일대까지 치고 올라갔어요.

유엔군의 인천 상륙

전쟁으로 폐허가 된 서울

하지만 북한 편이었던 중국군이 갑자기 밀고 내려왔어요. 사람이 바다를 이루었다고 할 정도로 엄청난 수의 군대였어요. 유엔군과 국군은 후퇴를 거듭했고, 1951년 1월 4일 서울은 다시 중국군에게 넘어갔어요. 그러자 미군이 북한에 마구 폭격을 퍼부었어요. 북한은 건물이 하나도 남아 있지 않을 정도로 초토화되었고, 유엔군은 서울을 되찾았어요. 그 뒤 휴전선 근처에서 밀고 당기는 전투가 계속되었지요.

이러한 상황에서 소련이 먼저 휴전을 제안했어요. 남한 정부와 국민들은 휴전에 반대했지만 미국으로부터 한·미 상호 방위 조약을 체결하고 미국이 남한을 경제적으로 원조할 것임을 약속받고 휴전에 동의했어요. 마침내 1953년 7월, 전쟁 상황을 멈추었어요.

전쟁이 큰 상처를 남기다

6·25 전쟁으로 우리 민족은 큰 피해를 입었어요. 우선 수백만 명의 사상자가 생겨 남한과 북한의 인구는 줄어들고 수많은 고아와 이산가족이 생겼지요. 그리고 산업 시설, 주택, 학교, 도로, 다리 등이 거의 파괴되었어요. 뿐만 아니라 전쟁을 하면서 남한과 북한은 서로에게 마음의 상처를 입혔답니다. 북한군은 남한에 내려와 인민재판을 열어 죄 없는 주민을 처형했어요. 국군도 서울을 되찾고 북쪽으로 올라가면서 공산주의자들을 찾아내어 처형했는데, 이 과정에서 무고한 사람들이 피해를 입기도 했어요. 남한과 북한 사이에 서로를 미워하는 마음이 깊어져 갔답니다. 게다가 전쟁이 끝난 뒤 남한에서는 이승만 정부가 반공을 내세우며 독재를 했고, 북한에서도 김일성이 오랫동안 독재를 해 남한과 북한의 국민들은 고통을 받게 되었답니다.

궁금해요! 38선과 휴전선은 어떻게 다른가요?

38선은 위도가 38도가 되는 선을 뜻해요. 1945년 일본이 항복한 직후 미국과 소련은 일본군의 무장을 해제하기 위해 군사적인 경계선으로 38도선을 정했어요. 이 선의 북쪽에는 소련군이, 남쪽에는 미군이 주둔했지요. 이후 미국과 소련은 한반도에 정부를 수립하기 위해 협상을 여러 차례 진행했지만 의견 차이를 좁히지 못했어요. 결국 남한과 북한에 각각 정부가 들어서면서 38도선을 기준으로 한반도가 둘로 나뉘고 말았지요.

그리고 약 3년 동안 계속된 6·25 전쟁이 휴전 상황에 들어가면서 새로 정한 경계가 바로 휴전선이랍니다.

4·19 혁명으로 이승만이 물러나다

이승만 정부가 부정 선거를 저지르다

1960년 3월 15일에 대통령과 부통령을 뽑는 선거가 있었어요. 자유당에서는 대통령 후보로 이승만, 부통령 후보로 이기붕이 출마했어요. 본래 헌법에는 세 번 이상 대통령을 하지 못하게 되어 있었답니다. 하지만 1954년에 초대 대통령은 세 번 이상 대통령을 할 수 있다고 헌법을 바꾸었지요. 그래서 이승만은 건국 후 12년간 대통령을 하고도 선거에 또 나왔어요.

국민들은 이승만에게 불만이 많았어요. 이승만은 자기 말을 듣지 않는 사람을 간첩이나 공산주의자로 몰아 감옥에 가두었어요. 북한과 공산주의를 막아야 한다는 이유를 내세워 자기 마음대로 나라를 다스리려고 한 것이지요. 당연히 선거에서 이승만과 이기붕은 당선되기 힘들었어요.

3·15 선거 포스터(1960)

부정 선거에 반대하는 대학생 시위

부정 선거는 무효다!

이승만 정권의 부정 선거 방법

그러던 중 강력한 대통령 후보였던 조병옥이 사망했어요. 당선이 불확실했던 이승만은 다시 대통령에 당선될 수 있다고 생각했지요. 그리고 자유당은 이기붕을 부통령으로 만들면 다시 정권을 차지할 수 있다고 판단했어요. 그래서 이승만과 자유당은 경찰과 깡패들을 동원해 선거에서 부정을 저질렀어요. 투표 시작 전에 미리 자유당 후보의 표를 투표함에 넣어 놓기도 했어요. 또 자유당의 운동원이 시민들을 3명, 5명으로 묶어 그중 한 사람이 자유당 후보에게 표를 찍었는지 안 찍었는지를 확인하고 투표함에 넣도록 했지요.

학생과 시민들이 민주주의를 지키다

국민들은 더는 참을 수 없었어요. 부정 선거에 분노한 학생과 시민들의 시위가 마산에서 먼저 일어났지요. 경찰이 시위를 진압하면서 시민들에게 총을 쏘아 수십 명의 사상자가 발생했어요.

이로부터 한 달쯤 지난 4월 11일 아침, 마산 앞바다에서 시위 때 실종된 고등학생 김주열의 시체가 떠올랐어요. 얼굴에 최루탄이 박힌 처참한 모습이었어요. 분노한 마산 시민들은 더욱 격렬하게 시위를 벌였어요. 마산에서 시작된 시위는 곧 전국으로 확대되었어요. 4월 19일, 서울에서는 대학생과 고등학생들이 모여 시위를 벌였어요. 시민들도 여기에 참여했지요. 이들은 종로와 대통령이 살고 있던 경무대 앞으로 몰려가 부정 선거를 지시한 이승만은 대통령 자리에서 물러나라고 소리쳤어요. "이승만은 물러나라! 선거를 다시 실시하라!" 그러자 경찰이 시위하는 학생들에게 마구 총을 쏘아 많은 사람들이 다치거나 목숨을 잃었어요.

4월 19일 이후 시민들의 저항은 더욱 거세졌어요. 대학교수들도 학생들과 뜻을 같이하겠다는 결정을 하고 이승만 정부에 항의했어요. 심지어 초등학생도 시위에 나섰지요. 결국 이승만은 "국민이 원하면 물러나겠다."고 말할 수밖에 없었어요. 마침내 학생과 시민들은 이승만 독재 정권을 무너뜨렸어요. 민주주의의 새로운 역사가 시작된 것이지요.

4·19 혁명은 민주주의에 대한 우리 국민들의 열망을 전 세계에 보여 주었고, 우리나라 민주주의가 발전하는 데 커다란 받침돌이 되었답니다.

대학교수들의 시위 참여

5·16 군사 정변이 일어나다

박정희를 중심으로 한
5·16 군사 정변의 주역

1961년 5월 16일, 육군 소장 박정희와 일부 장교들은 4·19 혁명 이후에 들어선 장면 정부를 부패하고 무능하다고 하면서 군대를 이끌고 서울로 들어왔어요. 그러고는 전국에 비상계엄을 선포했답니다. 이것을 5·16 군사 정변이라고 해요. 군인들은 왜 정변을 일으켰을까요?

이승만이 대통령에서 물러난 뒤 들어선 장면 정부 때 노동 운동, 청년 운동, 학생 운동 등 사회 운동이 여러 분야에서 활발하게 일어났지요. 특히 통일 운동이 활발하게 추진되어 "가자 북으로, 오라 남으로"라는 구호가 유행하기도 했어요. 그런데 군인들은 이러한 사회 분위기에 불만을 품고 나라가 혼란하다며 정변을 일으킨 것이지요. 박정희는 정변을 일으키면서 반공을 첫 번째 이념으로 삼고, 미국과 관계를 강화하겠다고 했어요. 그리고 굶주림에 허덕이는 국민들의 생활을 개선하고, 공산주의에 맞설 수 있도록 실력을 키우겠다고 했어요. 또 나라가 안정되면 군대로 돌아가겠다고 약속했지요.

그러나 1963년, 박정희는 군대로 돌아가겠다는 약속을 지키지 않고 대통령 후보로 나서 당선이 되었어요. 박정희는 무려 18년 5개월 동안 대통령으로 있었어요. 이 기간 동안 우리나라 경제는 눈부시게 발전했어요. 하지만 민주주의와 국민들의 권리는 철저하게 짓밟혔답니다.

북한, 독재 권력을 세습하다

6·25 전쟁 후 김일성은 경쟁자가 될 만한 사람들을 없애고 권력을 차지했지요. 그리고 전쟁으로 파괴된 산업 시설을 다시 세우기 위해 천리마 운동을 추진했어요. 천리마는 중국의 신화에 나오는 '하루에 천리를 달리는 말'이랍니다. 김일성은 천리마와 같은 속도로 열심히 일해 경제 발전을 이룰 것을 북한 주민들에게 요구했어요. 그는 이 운동을 통해 공산주의 사회의 경제적 기초를 만들고, 북한 주민들을 공산주의 체제에 잘 따르는 인간형으로 만들고자 했지요.

1960년대에 들어서 김일성은 '사상에서 주체, 정치에서 자주, 경제에서 자립, 국방에서 자위'를 강조한 '주체사상'을 내세웠어요. 이 주체사상은 김일성의 독재 체제를 뒷받침하는 사상이었지요. 그리고 1972년 김일성은 국가 주석의 자리에 올라 1인 독재 체제를 확고하게 만들었어요.

한편 김일성은 아들 김정일을 유일한 후계자로 정해 권력 세습을 준비했어요. 1980년대 들어서 김정일은 국내 정책을 이끌어 가면서 실질적인 권력을 행사했어요. 그리고 1993년에 국방 위원회의 위원장이 되어 군사권을 차지했지요. 1994년에 아버지 김일성이 죽자 김정일은 그 뒤를 이어 북한의 최고 권력자가 되었답니다.

권력 세습으로 정권은 안정을 유지했지만 북한의 경제 상황은 점점 어려워졌어요. 1980년대 후반 사회주의권 국가들이 무너지면서 교역 상대국을 잃었기 때문이에요.

원료뿐만 아니라 에너지가 부족해 공장이 제대로 돌아가지 않았고, 자연재해를 입어 식량도 크게 부족했어요. 결국 북한은 경제 위기와 식량난을 극복하기 위해서 개방적인 경제 체제를 일부 받아들일 수밖에 없었어요. 자유 경제 무역 지대와 경제 특구를 만들어 외국의 자본을 끌어들이려는 노력도 했지요. 하지만 이러한 노력은 큰 성과를 거두지 못했고, 주민들의 생활은 나날이 힘들어졌어요.

2011년 12월 김정일이 갑자기 사망하면서 아들 김정은이 또다시 권력을 이어받아 최고 권력자의 자리에 올랐어요. 그러나 김정은은 아버지 김정일과 다르게 비핵화 의지를 보이고 있지요.

북한의 군대 행사

한강의 기적을 이룩하다

경제 개발 계획을 실시하다

6·25 전쟁으로 우리나라는 생산 시설의 42퍼센트가 파괴되는 엄청난 피해를 입었어요. 생활에 필요한 물자가 부족하고, 물가도 엄청나게 올라 국민들의 생활이 매우 어려웠지요.

4·19 혁명 이후 들어선 장면 정부는 경제를 발전시키려고 경제 개발 5개년 계획을 세웠어요. 그러나 이 계획은 5·16 군사 정변으로 실시되지 못하다가 1962년부터 1981년까지 네 차례에 걸쳐 실시되었어요.

1962년에 시작된 제1차 경제 개발 5개년 계획을 통해 정부는 우리나라의 경제를 농업 중심에서 공업 중심으로 바꾸고, 어떤 어려움 속에서도 스스로 설 수 있도록 만들려고 했어요. 그래서 수출 산업을 육성하고 석탄과 전력 등의 에너지 산업에 힘을 쏟았답니다. 그 결과 전력, 비료, 시멘트, 섬유 산업 등이 급속도로 성장했어요.

경부 고속 국도 개통
서울과 부산을 잇는 고속 국도가 개통되자 전국은 1일 생활권으로 바뀌었어요.

1967년부터 시작된 제2차 경제 개발 5개년 계획에서는 경공업 발전에 노력했어요. 당시 특별한 기술이 없어도 노동력만 있으면 만들 수 있는 신발, 인형, 가발, 옷 같은 단순한 가공품을 주로 생산해 싼 가격으로 수출했지요. 그리고 고속 국도를 건설했어요. 이로써 물자 유통이 빨라지고, 전국이 1일 생활권에 들어가게 되었답니다. 이 기간 동안에는 합성 섬유, 전기 기기 등의 공산품을 많이 수출했어요.

　1972년에 시작된 제3차 경제 개발 5개년 계획부터는 중화학 공업 발전에 힘썼어요. 중화학 공업에는 어마어마한 돈과 숙련된 전문 기술이 필요했어요. 이 정책은 1977년에 시작된 제4차 경제 개발 5개년 계획 때에도 계속되었어요. 그 결과 우리나라에서는 철강, 배를 만드는 조선업, 자동차를 포함한 기계, 전자 분야가 눈부시게 발전했지요.

　경제 개발 계획으로 우리 경제는 크게 성장했어요. 이에 따라 국민들의 생활수준도 높아졌지요. 도시와 주택이 늘어났고, 교육 수준도 높아져 고등학교, 대학교에 진학하는 사람도 많아졌답니다.

경부 고속 국도 전경

경제 발전에 온 국민이 힘을 기울이다

우리나라는 급속한 경제 성장을 이루었어요. 외국으로부터 '한강의 기적'을 이루어 냈다는 찬사를 받기도 했어요. 이것은 힘든 상황에서도 쉬지 않고 열심히 일했던 농민과 노동자들 덕분이었지요.

박정희 정부는 수출을 많이 하려고 다른 나라보다 값싸게 물건을 만들어야 한다고 생각했어요. 값싼 물건을 만들기 위해서 노동자의 임금을 낮추고 주식인 쌀의 가격도 낮춰야 했지요. 그래서 정부는 쌀 가격을 낮추기 위해 일부러 다른 곡식과 섞어 먹는 혼식을 장려하고, 값싼 수입 밀가루를 원료로 한 라면, 빵을 많이 먹으라고 선전했지요. 이 과정에서 농민들의 생활은 점점 어려워졌고, 일자리를 찾아 도시로 떠나는 사람들이 늘어났어요. 그러나 도시의 노동자들도 어렵기는 마찬가지였어요. 노동자들은 싼 임금과 열악한 환경 속에서 일을 해야만 했지요. 이들의 희생 위에서 우리나라 경제가 발전할 수 있었던 것이랍니다.

인물 이야기: 노동 운동가 전태일

청계천 평화 시장에서 옷을 만드는 노동자였던 전태일은 어린 소녀들이 하루에 16시간 동안 먼지 많은 공장에서 빛도 보지 못한 채 일해야만 하는 현실에 분노했어요. 당시 어린 여공들은 1주일에 98시간 동안 일하고 있었어요.

전태일은 행정 기관에 진정서를 내기도 하고 대통령에게 편지를 보내기도 했지요. 하지만 아무런 조치가 없자 전태일은 22살의 나이에 저항의 뜻으로 자신의 몸을 불사르며 "근로 기준법을 지켜라."는 말을 남긴 채 스스로 목숨을 끊었어요.

민주화를 요구하다

10월 유신으로 민주주의가 후퇴하다

박정희 정부는 반공과 경제 발전을 내세우면서 독재 정치를 폈어요. 박정희 대통령은 1969년 3선 개헌을 통해 장기 집권을 시도했어요. 당시 헌법에는 한 사람이 대통령을 세 번 할 수 없도록 되어 있었지만, 박정희는 헌법을 고쳐 대통령에 다시 당선되었지요. 그러고는 영원히 대통령을 하려는 야심을 키웠어요.

1972년 10월, 박정희 대통령은 전국에 비상계엄을 선포하고 국회를 강제로 해산한 후, '10월 유신'을 선포했어요. 유신이란 '다시 새롭게 한다.'는 뜻이었지만, 10월 유신은 민주주의와 거리가 먼 것이었어요. 박정희는 한국의 대통령은 왕과 같은 권한을 가져야 한다는 '한국적 민주주의'를 내세웠지요.

10월 유신이 선포되면서 만들어진 헌법에 따르면, 대통령의 임기가 6년으로 늘어났고, 원한다면 얼마든지 계속할 수 있었어요. 그리고 국회의원 3분의 1을 대통령이 임명할 수 있었지요.

대학생과 시민들은 '유신 철폐'를 외치며 박정희 정부에 강하게 저항했어요. 특히 부산과 마산에서는 수많은 시민과 학생이 유신 반대 시위를 전개했지요. 시위가 한창이던 1979년 10월 26일 밤 박정희는 부하 김재규의 총에 맞아 죽고 말았어요. 국민들은 박정희 정부가 무너지면서 참다운 민주주의 국가가 되리라고 기대했어요.

5·18 민주화 운동이 일어나다

1979년 12월 12일 전두환, 노태우 등의 군인들이 다시 정권을 차지했어요. 그러자 민주주의를 기대하고 있던 전국의 대학생들은 1980년 5월부터 군인들이 다시 정권을 잡는 것에 반대하는 시위를 벌였어요.

정권을 잡은 군인들은 국민들의 요구를 총칼로 진압했어요. 특히 5월 18일부터 광주에서 일어난 시위에는 수많은 시민이 참여했는데, 정권을 잡은 군인들이 계엄군을 보내 이들을 무참히 진압했지요. 분노한 광주 시민들은 시민군을 조직하여 계엄군과 맞서 싸웠어요. 이 과정에서 많은 사람들이 죽거나 다쳤어요. 5월 27일, 계엄군이 탱크를 앞세워 광주로 들어와 광주 시민들의 민주화 운동은 끝이 났어요. 이것을 '5·18 민주화 운동'이라고 해요.

그 뒤 군인들은 민주화 운동을 심하게 탄압했어요. 그리고 대통령 선거 인단이라는 단체를 통해 대통령을 선출하도록 했어요. 이 방법으로 전두환은 1981년 대통령에 선출되었지요.

5·18 민주화 운동

6월 민주 항쟁이 일어나다

물가 안정과 경제 성장을 위해 노력했으나 독재 정치를 그대로 유지한 전두환은 다음 정권을 노태우에게 넘겨주려고 했어요. 시민들은 대통령을 직접 선거로 선출할 수 있도록 헌법을 고치라고 요구했어요. 하지만 전두환 정부는 헌법을 고치지 않겠다는 호헌 조치를 발표했지요. 그러자 헌법을 고치라는 국민들의 요구는 점점 높아졌어요.

전두환 정부는 국민들의 이러한 요구를 탄압했어요. 1987년 1월에 서울대학교 학생 박종철이 경찰의 고문을 받다가 사망한 사건이 발생했어요. 또 같은 해 6월에는 연세대학교 학생 이한열이 시위를 하다가 최루탄에 맞아 사망하는 사건도 발생했지요. 더는 참을 수 없었던 학생과 시민들은 6월 한 달 동안 정부에 항의하는 시위를 계속했어요. 시민들은 '호헌 철폐, 독재 타도, 민주 헌법 쟁취'라는 구호를 외치며 격렬하게 시위를 벌였지요. 이것을 '6월 민주 항쟁'이라고 해요.

결국 전두환 정부는 국민들의 민주화 요구를 받아들여 6월 29일에 대통령을 국민들이 직접 뽑을 수 있게 하겠다는 민주화 선언을 했어요. 마침내 우리나라에 민주주의가 자리 잡게 된 것이지요.

6월 민주 항쟁
시민과 학생들이 민주화를 요구하는 시위를 벌였어요.

경제 위기가 닥치다

1997년 말, 우리나라 경제에 빨간 불이 켜졌어요. 바로 외환 위기가 닥친 것이지요. 외환 위기는 왜 왔을까요?

1990년대 들어 전 세계적으로 시장 개방에 대한 압력이 거세졌어요. 이런 상황 속에서 우리 정부는 세계화를 목표로 내걸고, 기업 활동을 제한하던 것을 풀어 주고 자유로운 경제 활동과 무한 경쟁을 하도록 했지요. 그런데 일부 기업들이 은행에서 무리하게 돈을 빌려 사업을 확장했고, 은행은 기업이 갚을 수 있는 능력이 있는지도 살피지 않고 돈을 빌려주었어요. 무리하게 사업을 벌이던 기업들은 결국 무너지고 이들에게 돈을 빌려 준 은행들도 문을 닫아야 했지요. 이로 인해 나라가 혼란에 빠졌어요. 우리 경제가 어려워지자 우리나라에 투자했던 외국인들은 앞다투어 돈을 되찾아 갔어요. 무역 적자가 나타났고, 우리나라가 가지고 있던 외국 돈은 거의 바닥을 드러내 나라가 파산 직전에 놓였지요.

우리나라는 국제 통화 기금(IMF)의 도움을 받지 않을 수 없었어요. 국민들은 스스로 자신이 소유한 금을 내놓고 이것을 내다 팔아 외채를 갚자는 금 모으기 운동을 벌였어요. 그리고 정부는 기업과 금융 분야에 대한 개혁과 강도 높은 구조조정에 나섰지요. 이로 인해 대량 해고 사태가 발생해 실업자가 많아지는 고통을 겪기도 했어요. 하지만 정부와 국민들의 노력으로 마침내 우리 경제는 외환 위기를 극복하고, 2001년 국제 통화 기금의 관리 체제에서 벗어났답니다.

금 모으기 운동

남북한이 통일의 길을 찾다

남과 북이 평화 통일의 물꼬를 트다

여러분은 통일을 원하나요? 어떤 설문 조사에 의하면 이 질문에 대해 답변한 10대 청소년들 중에서 절반 이상의 학생들이 '바라지 않는다'고 대답했다고 해요. 이 결과는 우리가 북한을 그 어떤 나라보다 먼 나라로 느끼고 있음을 보여 주는 것이지요.

분단 이후 남북한은 통일을 위해 많은 노력을 해 오고 있답니다. 통일을 위한 노력, 그 시작은 1972년 남한과 북한이 공동으로 발표한 '7·4 남북 공동 성명'이었어요. 남북한은 외세의 간섭 없이 자주적으로, 그리고 평화적으로 통일을 이룰 것이며, 민족적 대단결을 도모하자는 내용을 여기에 담았지요. 이후 1991년 남한과 북한은 유엔에 동시에 가입했고, 화해 및 상호 불가침, 교류 협력에 관해 공동으로 합의하기도 했어요.

임진강의 자유의 다리

화해와 협력을 위해 노력하다

무엇보다 의미 있는 노력은 바로 2000년에 남한의 김대중 대통령이 북한의 김정일 국방 위원장과 만나 남북 정상 회담이 이루어진 것이었어요. 남한과 북한의 최고 지도자가 만난 것은 전쟁으로 분단된 이후 최초의 일이었어요.

두 지도자는 평양에서 만나 대화와 협력으로 평화 통일을 앞당기자고 서로 합의했어요. 그리고 6·25 전쟁으로 헤어진 이산가족을 서로 만날 수 있도록 하고, 개성 공단을 만들어 남한의 자본과 북한의 노동력을 결합하는 경제 협력 등을 약속했어요. 이러한 공로를 인정받아 2000년 김대중 대통령은 노벨 평화상을 받기도 했지요. 그 뒤 2007년 노무현 대통령도 평양을 방문해 김정일 국방 위원장을 만났고, 2018년에는 문재인 대통령이 김정은 국무위원장을 판문점에서 만났답니다.

제1차 남북 정상 회담
2000년 평양에서 남한과 북한의 정상이 만나 회담하고 6·15 남북 공동 선언을 발표했어요.

그러나 현재, 화해 분위기는 사라진 채 남한과 북한은 긴장 관계에 있어요. 북한은 국제 사회의 충고도 무시한 채 여전히 장거리 미사일 실험과 핵 실험을 하고 있어요. 또 서해의 연평도를 공격하는 등 남한에 대한 군사적 도발을 시도하고 있지요.

우리 모두 하루빨리 남과 북이 다시 진지하게 평화 통일을 함께 고민하는 날이 오기를 기대해 봅시다.

평화 통일을 바라며 철책에 묶은 리본

인물이야기 노벨 평화상을 받은 김대중

2000년 10월 13일, 정말 기쁜 소식이 들렸어요. 김대중 대통령이 노벨 평화상 수상자로 선정됐다는 소식이었어요. 이것은 우리나라 최초의 노벨상 수상이었답니다. 김대중 대통령이 노벨상을 받게 된 이유는 무엇일까요? 바로 1970년대, 1980년대 그가 이끌었던 민주주의 운동과 2000년 6월 북한의 최고 지도자를 만나 남북 화해를 이끌어 낸 공로 때문이었지요.

김대중 대통령은 '오늘의 영광은 나 자신만의 영광이 아니라 모든 국민이 함께 받는 영광입니다.'라고 수상 소감을 밝혔답니다.

대한민국이 세계를 놀라게 하다

"이 나라가 다시 일어서기 위해서는 100년 이상이 걸릴 것이다." 이는 인천 상륙 작전을 승리로 이끌었던 맥아더 장군이 6·25 전쟁이 끝난 후 폐허가 된 서울을 보고 한 말이에요. 그만큼 전쟁 직후 우리나라의 모습은 암담했어요. 하지만 맥아더 장군의 예상은 맞지 않았어요. 왜냐하면 우리나라는 불과 60년 만에 세계의 도움을 받던 나라에서 세계가 주목하는 나라가 되었기 때문이지요.

그리고 세계 속에 한국의 이름을 드높인 수많은 인재가 나왔답니다. 우리나라 외교통상부 장관을 지낸 반기문은 2006년에 우리나라 사람으로는 최초로 유엔사무총장이 되었어요. 그리고 김연아는 국제 피겨 대회에서 두각을 나타내어 우리나라 빙상 스포츠의 위상을 한껏 끌어 올렸지요. 또 박지성은 한국인 최초로 영국 프리미어리그의 선수가 되었어요. 이후 많은 선수들이 세계 각국의 축구 리그에 진출해 활약하고 있어요.

한·일 월드컵 경기
2002년 한국과 일본이 공동 주최한 월드컵에서 세계의 강호들을 물리치고 4강에 진출하는 쾌거를 이루었어요.

예술에 있어서는 비디오 아트를 예술 장르로 바꾼 백남준, 소프라노 가수로 활동하고 있는 조수미 그 외에 정명훈, 장한나 등 수많은 음악인이 세계 무대에서 인정받고 있답니다.

　한편 드라마, 영화 등 우리 문화 산업이 외국에 확산되면서 우리 문화를 배우고 느끼기 위해 찾아오는 외국인이 늘어나고 있어요. 또 우리의 전통 음식인 김치, 불고기 등이 해외에서 많은 사랑을 받고 있고, 사물놀이도 외국인들에게 인기가 있답니다.

　유엔 산하의 국제기구인 유네스코에서는 세계에서 보존 가치가 높은 문화, 자연, 기록유산을 세계유산으로 지정하고 있어요. 우리나라의 수원 화성, 종묘, 창덕궁, 경주 역사 유적지, 고창 고인돌 유적 등이 세계 문화유산으로 지정되었고, 제주 화산섬과 용암 동굴은 세계 자연유산으로 등록되었어요. 또 〈훈민정음〉, 〈조선왕조실록〉, 〈조선왕조 의궤〉 등은 세계 기록유산으로 지정되어 우리나라 국민뿐 아니라 세계인의 관심과 사랑을 듬뿍 받고 있답니다.

창덕궁 선정전

동북아시아의 역사를 올바로 인식하다

제2차 세계 대전에서 일본이 패배하면서 중국과 우리나라는 일본의 지배에서 벗어났어요. 하지만 우리나라, 중국, 일본은 역사와 영토 문제를 둘러싸고 여러 가지 갈등을 겪고 있어요.

동북아시아에서 가장 대표적인 갈등은 독도를 둘러싼 우리나라와 일본 간의 갈등이지요. 독도는 역사적으로 삼국 시대부터 우리 땅이었고, 조선 숙종 때에는 안용복이 일본에 건너가 우리나라 땅임을 확인받고 돌아오기도 했지요. 이것을 뒷받침하는 여러 역사적 사료도 남아 있어 독도가 우리 영토라는 사실은 분명해요.

그런데 일본은 1905년 독도가 주인이 없는 섬이라고 하면서 일본의 영토에 포함시켰으며, 그 뒤 독도를 다케시마로 부르고 있어요. 게다가 독도가 있는 바다를 동해가 아닌 '일본해'라고 부르며 지도 등에 표기까지 하고 있답니다. 2005년에 일본 시마네 현은 '다케시마의 날' 조례를 제정했고, 2006년에 일본 정부는 독도가 일본 영토라는 내용을 일본의 교과서에 실으라고 했지요.

하지만 1877년 일본의 최고 기관이었던 태정관은 일본 지도를 만들 때 울릉도와 독도가 일본 영토가 아니라는 결론을 내렸어요. 또 광복 이후 연합국이 작성한 지도에 독도는 우리나라의 영토로 표시되어 있지요. 현재 우리나라는 이러한 국내외 자료들을 모아 독도가 우리 영토임을 밝히고 일본의 억지 주장에 대응하고 있어요.

한편 우리나라는 중국과도 해결해야 할 역사 갈등이 있어요. 바로 중국의 동북 공정 문제랍니다. 동북 공정이란 중국 정부가 2002년부터 추진한 중국의 동북 지방인 랴오닝 성, 지린 성, 헤이룽장 성의 역사와 현재 상황에 대한 연구를 말해요. 랴오닝 성, 지린 성 등은 우리 민족이 세운 고조선, 고구려, 발해 등이 차지하고 지배한 지역이었어요. 그런데 중국은 동북 공정을 통해 우리나라 북부와 만주에 있었던 고조선, 고구려, 발해의 역사가 중국 역사의 일부라고 주장하고 있어요. 이것은 우리나라의 고대사 전체를 뒤흔드는 심각한 수준의 역사 왜곡이지요.

우리는 중국의 잘못된 주장을 비판할 수 있도록 우리의 연구 성과를 정리하고 세계에 알리는 데 힘써야 할 것입니다.

독도

사진 출처

doopedia PhotoBox   76p 어사모, 92p 척화비, 144p 청산리 항일 대첩 기념비, 153p 신채호 동상, 169p 4·19 국립 묘지

Shutterstock   173p 북한의 군 행사, 184p 임진강의 자유의 다리, 187p 평화 통일을 바라는 리본

Tomo. Yun(www.yunphoto.net/ko)   66p 서북공심돈

Wikimedia commons   96p 영종도에 상륙하는 일본군, 163p 폐허가 된 서울(Capt. F. L. Scheiber.)

Wikipedia   16p 〈태조 어진〉(전주 경기전), 22p 숭례문(levork), 23p 경복궁 근정전(Blmtduddl), 흥인지문(Tom Page), 27p 앙부일구(Bernat), 29p 부용지(Johannes Barre), 종묘(d'n'c), 33p 〈무녀신무〉, 34p 〈조광조 초상〉, 44p 남한산성 동문(메탈(bae6607)), 45p 삼전도비(Kang Byeong Kee), 52p 상평통보(Lawinc82), 64p 주합루(Daderot.), 66p 장안문(잉여빵), 67p 동북공심돈(Nagyman), 동장대(Thomasrhee), 화홍문(Jpbarrass), 71p 〈정약용 초상〉, 72p 봉산 탈춤(photoren), 74p 〈김조순 초상〉, 76p 〈평생도〉 중 소과 응시장, 78p 김대건 동상(Hijin6908), 79p 절두산순교지(천남성), 86p 흥선 대원군(Hulbert, Homer B.), 103p 압송되는 전봉준, 108p 옥호루, 110p 독립문 일대 전경, 111p 독립신문, 113p 황궁우(RYU Cheol), 환구단과 황궁우, 115p 전차, 119p 을사조약 문서(RYU Cheol), 122p 이토 히로부미, 123p 안중근, 125p 대한매일신보, 128p 서대문 형무소(awesong), 129p 사이토 마코토, 130p 창씨개명, 위안부 모집 공고(우측 : 今井紹介所), 131p 궁성 요배, 132p 동양 척식 주식회사, 134p 손병희 동상(Gaël Chardon), 135p 유관순, 137p 박영효가 제작한 태극기, 140p 상하이 임시 정부 청사(Ericmetro), 141p 귀국하는 임시 정부 요인, 143p 홍범도, 김좌진, 144p 청산리 전투 직후 승리 기념, 146p 조선 총독부(門田房太郎), 147p 김원봉(조선의용대 홍보부), 김상옥(JeongAhn), 148p 윤봉길 의사(Peterpan), 윤봉길 의거 현장 기념비(carpkazu), 154p 한국 광복군, 160p 신탁 통치 반대 운동, 162p 피난을 떠나는 사람들(U.S. Defense Department), 170p 5·16 군사 정변의 주역들, 177p 전태일 흉상(dalgial), 189p 창덕궁 선정전(Gaël Chardon)

경기대학교 박물관   38p 〈귀선도〉

국가기록원   160p 신탁 통치 반대 시위, 161p 5·10 총선거, 대한민국 정부 수립, 163p 인천 상륙 작전, 166p 4·19 혁명 중 대학생 시위, 174p 경부 고속 국도 개통, 175p 경부 고속 국도 전경

국립고궁박물관   17p 태조 금보, 60p 〈영조 어진〉

국립민속박물관   115p 구식 전화기

국립중앙박물관   29p 달 항아리, 30p 〈북새선은도〉, 32p 〈벼타작〉, 〈대장간〉, 51p 〈설중향시도〉, 54p 〈논갈이〉, 65p 〈시흥환어행렬도〉, 73p 〈서당〉, 〈그네 타는 여인들〉, 〈작호도〉, 93p 〈화성원행의궤도〉, 112p 〈고종 어진〉

국사편찬위원회   41p 〈광해군일기 1권〉 표지, 57p 〈팔도총도〉, 98p 별기군, 111p 서재필

독립기념관   100p 급진 개화파, 104p 사발통문, 121p 의병 부대, 123p 단지 혈서 엽서, 140p 독립 공채

서울대학교 규장각한국학연구원 22p 동국여도 중 〈도성도〉, 82p 〈순무영진도〉

서울대학교 박물관 46p 〈곤여만국전도〉

숭실대학교 한국기독교박물관 46p 천리경, 47p 자명종

연합뉴스 표지 독립문, 26p 간의, 측우기와 측우대, 61p 탕평비, 66p 서장대, 70p 〈이익 초상〉, 102p 만석보 유지비, 118p 헤이그 특사, 120p 신돌석 흉상, 131p 금속 공출, 136p 탑골 공원의 부조, 138p 대한민국 임시 정부 신년 축하 기념(1921), 152p 우리말 큰사전 초고본, 162p 서울에 진주하는 북한군, 166p 3·15 선거 포스터, 168p 4·19 혁명 중 대학교수 시위, 179p 5·18 민주화 운동, 181p 6월 민주 항쟁, 183p 금 모으기 운동, 186p 제1차 남북 정상 회담, 188p 한·일 월드컵 경기, 191p 독도

육군박물관 36p 〈동래부순절도〉

인천광역시립박물관 50p 〈이앙도〉

전쟁기념관 164p 형제 상봉상

한국학중앙연구원 40p 광해군 묘, 55p 초가집, 84p 수운 최제우 유허지, 87p 경복궁 전경, 91p 강화 삼랑성 남문, 114p 덕수궁 석조전

현대아산 20p 선죽교

- 이 책에 실린 사진은 저작권자의 허락을 받아 게재한 것입니다.
- 저작권자를 찾지 못해 게재 허락을 받지 못한 일부 사진은 저작권자가 확인되는 대로 게재 허락을 받고 통상 기준에 따라 사용료를 지불하겠습니다.

| 찾아보기 |

가갸날 · 152
간도 · 56, 133
간도 협약 · 57
갑신정변 · 100
갑오개혁 · 106
갑자사화 · 34
강화도 조약 · 96, 98
거중기 · 66
격쟁 · 65
경강상인 · 52
경인선 · 115
경제 개발 5개년 계획 · 174
곤여만국전도 · 48
공납 · 33
광작 · 51
교통국 · 140
국가 총동원령 · 131
국제 통화 기금 · 182
국학 운동 · 152
군역 · 77
규장각 · 64
금 모으기 운동 · 182
급진 개화파 · 100
기묘사화 · 34
김매기 · 54

남인 · 61
남한산성 · 44

내상 · 52
내선일체 · 130
노론 · 61, 63, 71
농사직설 · 24

다리풍 · 115
당백전 · 88
대동법 · 40
대청 황제 공덕비 · 45
대한 독립군 · 142
대한 제국 · 112
대한매일신보 · 125
대한민국 임시 정부 · 138, 140
덕률풍 · 115
도요토미 히데요시 · 36
독도 · 190
독립 협회 · 110
독립신문 · 110
동경대전 · 85
동북 공정 · 191
동양 척식 주식 회사 · 132
동인 · 61
동학 · 84, 85, 102
동학 농민 운동 · 102, 105

마테오 리치 · 47
만국 평화 회의 · 119
만민 공동회 · 110

만상 · 52
만주 사변 · 133
맥아더 · 163
모내기법 · 50
모스크바 3국 외무 장관 회의 · 161
무단 통치 · 128
무오사화 · 34
문화 통치 · 129
미·소 공동 위원회 · 161
민족 말살 정책 · 152
민족 자결주의 · 134
민화 · 73

백자 · 28
베델 · 125
벨테브레 · 48
별기군 · 98
병인박해 · 78, 90
병인양요 · 92
보통 경찰 · 129
북로 군정서군 · 142
북인 · 61
북학파 · 68
분청사기 · 28

사군자 · 28
사도 세자 · 60, 63
사림파 · 34

4·19 혁명 · 168, 170, 174
사직 · 28
사창제 · 88
산미 증식 계획 · 133
산수화 · 28
삼강행실도 · 24
3·1 운동 · 129, 134, 138
삼전도 · 45
삼정 · 77
38도선 · 158
상언 · 65
상평통보 · 52
상품 작물 · 52
서민 문화 · 72
서얼 · 32
서운관 · 26
서인 · 61
서학 · 84
세도 정치 · 74, 80
소론 · 61
송상 · 52
수원 화성 · 64
시천주 사상 · 84
식민 사관 · 153
신간회 · 150
신미양요 · 92
신탁 통치 · 160
실학 · 68
10월 유신 · 178

ㅇ

아관 파천 · 112
안중근 · 122
암클 · 24
앙부일구 · 27
양반 · 30
양요 · 90
양인 · 30
언문 · 24
역관 · 32
연좌제 · 106
연통제 · 140
영은문 110
5·16 군사 정변 · 170, 174
5·18 민주화 운동 · 179
외규장각 · 92
용담유사 · 85
용비어천가 · 24
우리말 큰사전 · 153
우산국 · 57
우정총국 · 100
운요호 · 96
원납전 · 88
위화도 회군 · 17, 20
6월 민주 항쟁 · 181
6·25 전쟁 · 165, 172, 174
윤봉길 · 141, 148
을미사변 · 108, 110
을사사화 · 34
을사오적 · 118
을사의병 · 120

을사조약 · 116, 118, 122
의관 · 32
의병 · 38
의열단 · 146, 147
이방석 · 18
이방원 · 18
이성계 · 14
이순신 · 38
이승만 · 161, 165
이엉 · 55
이토 히로부미 · 122
이하응 · 86
인내천 사상 · 84
인천 상륙 작전 · 163
임술 농민 봉기 · 83
임오군란 · 98, 100, 124

ㅈ

자격루 · 27
장용영 · 64
전봉준 · 102, 104
정계비 · 56
정도전 · 17
정몽주 · 17, 20
정미의병 · 120
정신대 · 131
정약용 · 68
제1차 왕자의 난 · 20
제2차 왕자의 난 · 21
제물포 조약 · 99
제암리 사건 · 137

조선 총독부 · 128, 132
조의제문 · 34
조총 · 36
종묘 · 28
중·일 전쟁 · 133
중농학파 · 68, 70
중립적인 외교 정책 · 40
중상학파 · 68
중인 · 32
지전설 · 48
집강소 · 104

척화비 · 92
천리경 · 47
청·일 전쟁 · 108
청산리 대첩 · 142, 144
최만리 · 24
측우기 · 26
친명 정책 · 42
7·4 남북 공동 성명 · 184
칠정산 · 27

카이로 회담 · 158

탈춤 · 72
탐관오리 · 76, 82

탑골 공원 · 136
탕평책 · 61
태백산 호랑이 · 120
토문강 · 56
토지 조사 사업 · 132
통감부 · 118
통상 수교 거부 정책 · 93

판소리 · 72
풍속화 · 73

하멜 49
한·미 상호 방위 조약 · 164
한강의 기적 177
한국 광복군 154
한글 소설 · 72
한인 애국단 · 140, 146, 148
항일 의병 운동 · 105
향리 · 32
헌병 경찰 · 128
현륭원 · 65
호미씻이 · 54
호포제 · 88
호헌 조치 · 181
홍경래의 난 · 80
환곡 · 77
황국 신민 서사 · 130
황포 군관 학교 · 147

훈구파 · 34
훈민정음 · 24
흥선 대원군 · 87